TOUCH VOCA

터치 보카 토익편

발행일 2017년 12월 1일

지은이 이 주 홍, 박 형 제
펴낸이 손 형 국
펴낸곳 (주)북랩
편집인 선일영 편집 권혁신, 오경진, 최예은
디자인 이현수, 김민하, 한수희, 김윤주 제작 박기성, 황동현, 구성우
마케팅 김회란, 박진관, 김한결
출판등록 2004. 12. 1(제2012-000051호)
주소 서울시 금천구 가산디지털 1로 168, 우림라이온스밸리 B동 B113, 114호
홈페이지 www.book.co.kr
전화번호 (02)2026-5777 팩스 (02)2026-5747

ISBN 979-11-5987-893-0 14740(종이책) 979-11-5987-894-7 15740(전자책)
979-11-5987-864-0 14740(세트)

TOUCH VOCA

토익편

터치 보카

듣기만 하면 단어 암기 끝!
L/C점수 자동해결!

국민 영단어!
터치 보카!

이주홍 • 박형제 지음

터치펜으로 영어 단어 암기끝!

북랩book Lab

CONTENTS

Part 01

스팩 터치 보카란?

「스팩」이란?

'점수 공장': 'Score Factory'

'S'와 'Fac'을 따와 'SFac'으로 합성한 것.

공장이 좋은 물건을 자동으로 만들어 내듯
'스코어 팩토리'는 좋은 점수를 자동으로 만들어 낸다.

「터치 보카」란?

시험에 빈번히 출제되는 단어들만을 엄선하여, 각종 시험을 완벽히 대비해주는 「터치 보카」는 다음과 같은 장점들이 있다.

❶ 지루하고 힘들었던 단어 공부를 터치 한 번으로 자동 암기
❷ 단어암기를 오히려 어렵게 만들었던 유의어/반의어/파생어/예문 등을 과감히 삭제하여 단어암기의 효율성 극대화
❸ 자체개발/특허출원 '한글발음표기법'을 사용하여, 영어 발음에 대한 접근성을 높이고, 학습자의 심적 부담감을 줄임
❹ 반복적으로 영어발음에 노출됨으로써 리스닝이 향상되는 더블 효과

「터치 보카」 사용법

❶ 단어/뜻/발음기호 어느 한 부분을 터치펜으로 터치하면 해당단어의 발음과 뜻이 play된다.

❷ 단어는 한 교재를 선정하여 처음부터 끝까지 빠르게, 한번 끝내주는 것이 중요하다. 일단 말하는 펜으로 암기 부담을 줄여주는 「터치 보카」 공부법으로 책 한 권을 끝내본다. (공부에 대한 자신감 획득)

❸ 다음 단계는 꾸준한 반복으로 단어를 머릿속에 각인시키는 과정이다. 하루 공부할 일정량의 단어수를 선정한 뒤 터치펜으로 꾸준히 복습한다.

❹ 듣기만으로 단어가 암기되는 부담없는 학습법으로, 도중에 포기하는 일 없이 끝까지 책을 끝낼 수 있을 것이다. 이렇게 「터치 보카」를 5회 정도 반복하다 보면, 준비 중인 영어시험의 점수가 비약적으로 향상되는 효과를 얻을 수 있다.

❺ 영어 발음에 대한 접근성을 높이고, 학습자의 심적 부담감을 줄이기 위해 한글발음을 자체 개발하여 발음기호와 병기하였다.

| 한글발음 주의사항 |

❶ 한국어로는 정확히 표현할 수 없는 L/R/F 발음에 대해, L/R 은 가장 유사한 한국어 발음 'ㄹ'에 접목시켜 놓았고, F 발음은 편의상 'ㅃ'로 표기

❷ 강세 있는 발음은 굵은 글자로 표기

「터치펜 사용법」 및 구입처

[터치펜 사용법]

❶ 「터치펜」의 전원을 켠다.

❷ 「터치펜」의 펜촉이 「터치 보카」와 수직을 이루게 한다.

단어	뜻	발음기호	한글발음
vivid	생생한, 발랄한, 생기 있는	vivid	비비드

❸ 그러면 학습내용이 이어폰을 통해 흘러나온다.

❹ 영어 발음에 대한 접근성을 높이고, 학습자의 심적 부담감을 줄이기 위해 한글발음을 자체 개발하여 발음기호와 병기하였다.

[터치펜 구입처]

❶ 「터치 보카」 홈페이지

❷ 「터치 보카」 네이버 스토어팜 (권장)

❸ 「터치 보카」 네이버 카페

❹ 카카오톡문의 : jjjneat (카카오톡 아이디)

❺ 전화문의 : 010-9407-6841

Part 02

단어

TOUCH VOCA

Chunk set 01 ▸▸

단어	뜻	발음기호	한글발음
operation	수술, 작전, 사업체	a:pəreiʃn	오퍼**뤠**이션
intersection	교차로, 교차지점	intərsekʃn	인터**쎅**션
dislodge	제거하다, 몰아내다	disla:dʒ	디스**라**아쥐
draft	초안, 어음	dræft	드**뤠**쁘트
reliant	의존하는, 의지하는	rilaiənt	**륄라**이언트
sonorous	울려 퍼지는, 낭랑한	sa:nərəs	**싸**아너뤄쓰
evidence	증거, (v.) 증언하다	evidəns	**에**비던쓰
period	기간, 시기, 생리	piɪriəd	**피**뤼어드
submit	제출하다, 항복하다, 진술하다	səbmit	써**밑**
devote	~에 바치다, 충당하다	divout	디**보**웉

Korea

단어	뜻	발음기호	한글발음
cutting-edge	첨단의	kʌtiŋ edʒ	커팅 에쥐
timely	시기적절한, 때를 맞춘	taimli	타임리
appoint	임명하다, 지명하다	əpɔint	어포인트
grant	수여하다, 허가하다, (n.) 보조금	grænt	그뤤트
bond	채권, 유대, 담보대출, (v.) 접착하다	ba:nd	바안드

USA

freshness	신선함, 새로움, 생생함, 상쾌함	freʃnis	쁘뤠쉬니스
haul	끌다, 운반하다	hɔ:l	호올
blemish	흠, 결점	blemiʃ	블레미쉬
unexpected	예기치 않은, 예상 밖의, 뜻밖의	ʌnikspektid	언익쓰펙티드
fabric	섬유, 천	fæbrik	빼브뤽

Chunk set 02 ▸▸

단어	뜻	발음기호	한글발음
leading	선도적인, 가장 중요한	li:diŋ	**리**이딩
refuse	거절하다, 거부하다	rifju:z	뤼**쀼**우즈
publication	출판물, 간행물, 출판, 발표	pʌblikeiʃn	퍼블리**케**이션
demanding	지나치게 요구하는, 힘든	dimændiŋ	디**맨**딩
code	규범, 관례, 암호, (v.) 부호로 처리하다, 암호로 쓰다	koud	코우드

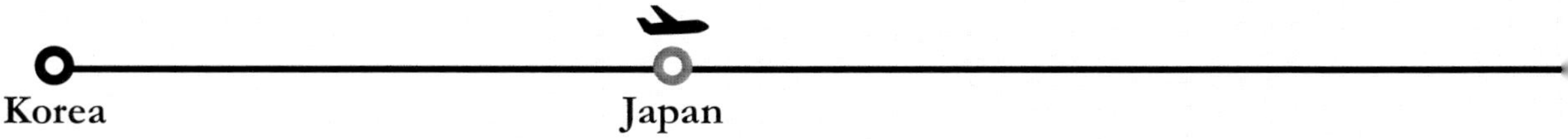

session	회의, 회기, 연주회	seʃn	**쎄**션
adhesive	접착성의, 들러붙는	ədhi:siv	어드**히**시브
uncertain	확신이 없는, 불확실한	ʌnsɜ:rtn	언**써**어튼
hold	~을 들다, 개최하다(hold-held-held)	hould	호울드
advertisement	광고, 광고행위	ædvərtaizmənt	애드버**타**이즈먼트

단어	뜻	발음기호	한글발음
turmoil	혼란, 소란	tɜːrmɔil	**터**어모일
share	지분, 몫, 주식, (v.) 공유하다	ʃer	쉐어
content	내용물, 목록, (adj.) 만족한	kantent / (adj.) kəntent	**칸**텐트 / (adj.) 컨**텐**트
challenging	도전적인, 힘든	tʃælindʒiŋ	**첼**린쥥
training	교육, 훈련	treiniŋ	트**뤠**이닝

USA

tailor	(특정한 목적/사람 등에) 맞추다, (n.) 재단사	teilə(r)	**테**일러
scrub	문지르다, 닦다	skrʌb	스크뤕
deduct	공제하다, 빼다	didʌkt	디**덕**트
assumption	추정, 가정	əsʌmpʃn	어**썸**프션
entrepreneurship	기업가정신	entrəprənəːʃip	엔트뤄프뤄**너**어쉽

Chunk set 03 ▸▸

단어	뜻	발음기호	한글발음
discard	버리다, 폐기하다, (n.) 버린 패, 버린 것	diska:rd	디스**카**아드
prosecute	기소하다, 추진하다	pra:sikju:t	프**롸**아시큐읕
brochure	(홍보용) 소책자	brouʃur	브로우**쉬**어
consequence	(발생한 일의) 결과, 중요함	ka:nsəkwens	**칸**써퀜쓰
friction	마찰, 마찰 저항	frikʃn	쁘**릭**션

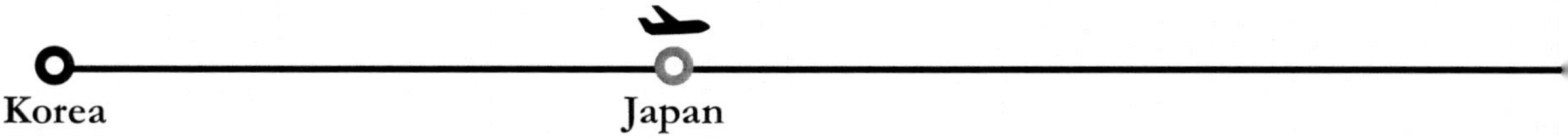

punctual	시간을 지키는	pʌŋktʃuəl	**펑**츄얼
discharge	방출하다, 해고하다, (n.) 방출, 제대	distʃa:rdʒ	디스**촤**아쥐 / (n.) **디**스촤아쥐
figure	총액, 인물, 숫자	figjər	**삐**규어
skillfully	능숙하게, 솜씨 있게	skilfəli	스**킬**뻘리
customarily	관례상, 습관적으로	kʌstəmerəli	**커**스터메뤌리

단어	뜻	발음기호	한글발음
subscribe	구독하다, 가입하다, 신청하다	səbskraib	서브스크**롸**이브
apologize	사과하다	əpa:lədʒaiz	어**팔**러좌이즈
abnormal	비정상적인	æbnɔ:rml	앱**노**멀
defective	결함이 있는	difektiv	디**펙**티브
confidence	확신, 자신, 신임	ka:nfidəns	**칸**삐던쓰

USA

extinction	멸종, 소멸	ikstiŋkʃn	익스**팅**션
conduct	(업무를) 수행하다, 처리하다	kəndʌkt	컨**덕**트
register	등록하다, 등기로 보내다, (n.) 명부	redʒistə(r)	**뤠**지스터
engage	관여하다, 종사하다	ingeidʒ	인**게**이쥐
inspection	점검, 검사	inspekʃn	인스**펙**션

Chunk set 04 ▸▸

단어	뜻	발음기호	한글발음
health	건강, 보건, 의료	helθ	헬쓰
away	떨어져서	əwei	어**웨**이
belligerent	호전적인, (n.) 교전국	bəlidʒərənt	버**리**저뤈트
declare	(세관에서) 신고하다, 선언하다	dikler	디클**레**어
fiasco	큰 실수, 대실패	fiæskou	삐**애**스코우

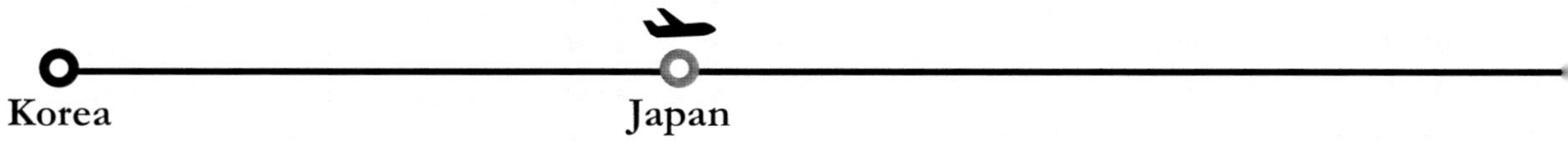

accounting	회계 (업무)	əkauntiŋ	어**카**운팅
utmost	최대의, (n.) 최대한도	ʌtmoust	**얻**모우스트
bid	입찰, 호가, (v.) 값을 부르다, 애쓰다	bid	비드
commodity	상품, 산물	kəma:dəti	커**마**더티
reinstate	(직장/직책 등으로) 복귀시키다, (원위치/상태로) 회복시키다	ri:insteit	뤼인스**테**잍

단어	뜻	발음기호	한글발음
overtime	초과근무, 야근	ouvərtaim	오우버타임
contaminate	오염시키다, (사람들의 생각/태도에) 악영향을 주다	kəntæmineit	컨태미네잍
unwavering	확고한, 변함없는	ʌnweivəriŋ	언웨이버륑
obsolete	쓸모없게 된, 한물간, 구식의	a:bsəli:t	압썰리잍
apparently	분명히, 외관상으로는	əpærəntli	어패런틀리

USA

restrict	한정하다, 제한하다	ristrikt	뤼스트뤽트
enforce	(법률 등을) 시행하다, 강요하다	infɔ:rs	인뽀오쓰
efficiently	효율적으로, 유효하게	ifiʃ(ə)ntli	이삐션틀리
impending	임박한, 절박한	impendiŋ	임펜딩
acquaint	익히게 하다, 숙지시키다	əkweint	어퀘인트

Chunk set 05 ▸▸

단어	뜻	발음기호	한글발음
postpone	연기하다, 뒤로 미루다	poustpoun	포우스트**포**운
mastermind	입안자, 지도자	mæstərmaind	**매**스터마인드
discriminate	차별하다, 식별하다	diskrimineit	디스크**뤼**미네잍
harsh	가혹한, 냉엄한	ha:rʃ	하아쉬
reimburse	변상하다, 환급하다	ri:imbɜ:rs	뤼임**버**어쓰

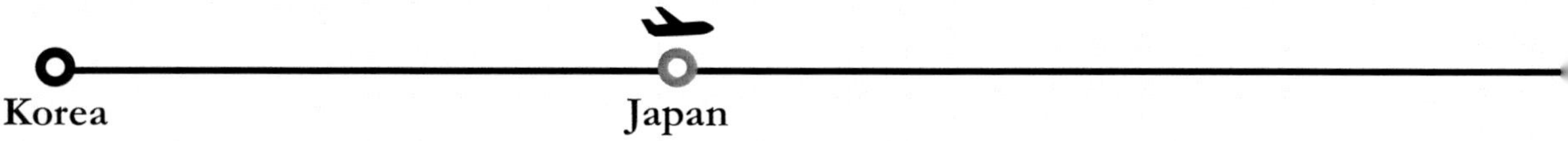

reciprocal	상호의, 서로의	risiprəkl	뤼**씨**프뤄클
qualification	자격, 조건	kwa:lifikeiʃn	콸리삐**케**이션
involve	포함하다, 참여시키다	inva:lv	인**발**브
resolve	(문제 등을) 해결하다, 다짐하다, (n.) 결심	riza:lv	뤼**자**알브
tenant	임차인, 세입자, 소작인, (v.) 임차해서 살다, 소작하다	tenənt	**테**넌트

단어	뜻	발음기호	한글발음
consist	구성되다, 이루어지다	kənsist	컨**씨**스트
preserve	보존하다, 보호하다	prizɜ:rv	프리**저**어브
compare	비교하다, 비유하다	kəmper	컴**페**어
award	상, 인상분, 액수, 수여, (v.) 수여하다	əwɔ:rd	어우**오**드
collect	모으다, ~을 데리러 가다, 모금하다	kəlekt	컬**렉**트

USA

out of print	절판되어		아웉 어브 프린트
stringently	엄격히, 용서 없이, 가혹하게	strindʒəntli	스트**륀**전틀리
allocate	할당하다, 배분하다	æləkeit	**애**러케잍
porridge	형기, 교도소	pɔ:ridʒ	**포**오리쥐
separately	개별적으로, 따로따로	seprətli	**쎄**프뤄틀리

Chunk set 06 ▸▸

단어	뜻	발음기호	한글발음
exempt	면제하다, (adj.) 면제된	igzempt	이그젬프트
contradict	모순되다, 다르다, 반박하다	ka:ntrədikt	칸트뤄딕트
innate	타고난, 선천적인	ineit	이네잍
labor	노동, 노동자, (adj.) 노동의, (v.) 노동하다	leibər	레이버
direct	~에게 길을 안내하다, 가르쳐 주다	dərekt	디렉트

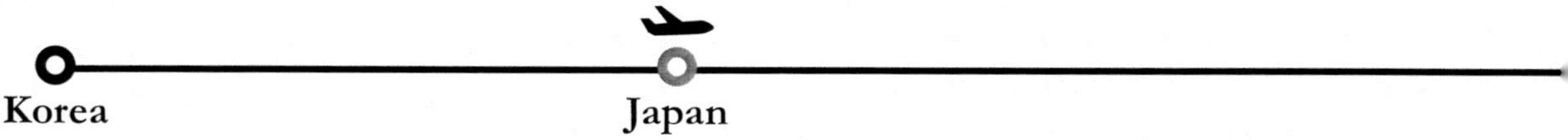

effect	효과, 영향, (v.) (어떤 결과를) 가져오다	ifekt	이뻭트
survey	설문조사, (v.) 조사하다	s3:rvei	써베이 / (v.) 써베이
coming	다가오는, (n.) (새로운 것의) 시작	kʌmiŋ	커밍
clarify	분명히 하다, (버터 등에 열을 가해) 투명하게 만들다	klærəfai	클래뤄빠이
evenly	고르게, 균등하게	i:vnli	이븐리

단어	뜻	발음기호	한글발음
incorrect	부정확한, 사실이 아닌	inkərekt	인커**렉**트
coincidentally	우연히, 동시적으로	kəuinsidɛntəli	코우인씨**던**털리
obstruct	방해하다, 막다	əbstrʌkt	업스트**렉**트
resignation	사임, 사직, 사직서	rezigneiʃn	뤠지그**네**이션
supervision	감독, 관리, 감시, (대학에서) 지도 교수에 의한 개인 지도	su:pərviʒən	수퍼**비**젼

USA

prevention	예방, 방지	privenʃn	프뤼**벤**션
reveal	밝히다, 누설하다	rivi:l	뤼**비**을
stall	마구간, 가판대	stɔ:l	스토을
explore	조사하다, 탐구하다	ikisplɔ:(r)	익스플**로**어
dividend	배당금	dividend	**디**비덴드

Chunk set 07 ▸▸

단어	뜻	발음기호	한글발음
symptom	증상, (특히 불길한) 징후	simptəm	**씸**프텀
discussion	토론, 토의	diskʌʃn	디스**커**션
insight	식견, 통찰력	insait	**인**싸잍
inspiration	영감, 영감을 주는 것	inspəreiʃn	인스퍼**뤠**이션
apprehensive	걱정하는, 염려하는	əprihensiv	어프뤼**헨**시브
eradicate	근절하다, 뿌리 뽑다	irædikeit	이**뢔**디케잍
retaliation	보복, 앙갚음	ritælieiʃn	뤼탤리**에**이션
stagnant	침체된, 불경기의	stægnənt	스**태**그넌트
employee	직원, 고용인	implɔii:	임플**로**이
efficiency	효율, 능률	ifiʃnsi	이**삐**션씨

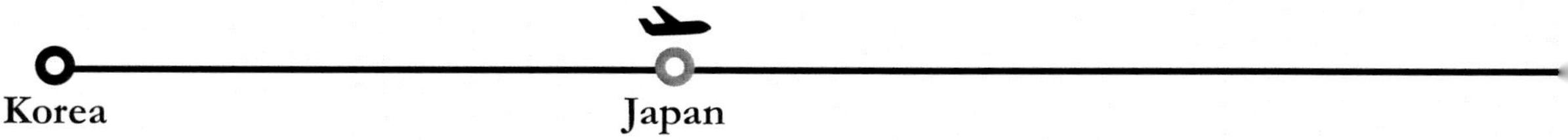

단어	뜻	발음기호	한글발음
aide	측근, 보좌관	eid	에이드
recycling	재활용, 재순환	ri:saikliŋ	뤼이**싸**이클링
properly	제대로, 정확하게	pra:pərli	프**롸**펄리
unavailable	이용할 수 없는, 구할 수 없는	ʌnəveiləbl	언어**베**일러블
ideal	이상적인, (n.) 이상, 이상적인 것	aidi:əl	아이**디**얼

USA

dilute	묽게 하다, 희석하다, (adj.) 희석된	dailu:t	다일**루**울
assign	배정하다, 임무를 할당하다	əsain	어**싸**인
enabling	특별한 권능을 부여하는	ineibliŋ	이**네**이블링
unoccupied	(집 등이) 비어 있는, 점령되지 않은	ʌna:kjupaid	언**아**큐파이드
ethnic	인종의, 민족의, (n.) 소수 민족 출신자	eθnik	**에**쓰닉

Chunk set 08 ▸▸

단어	뜻	발음기호	한글발음
in advance	미리, 사전에	in ədvæns	인 어드**밴**쓰
premises	구내, 건물(내)	premisiz	프**뤠**미씨즈
satisfactory	만족스러운, 충분한	sætisfæktəri	쌔티쓰**빽**터뤼
divide	분배하다, 나누다	divaid	디**바**이드
demonstrate	증명하다, (실험 등으로) 설명하다	demənstreit	**데**먼스트뤠잍

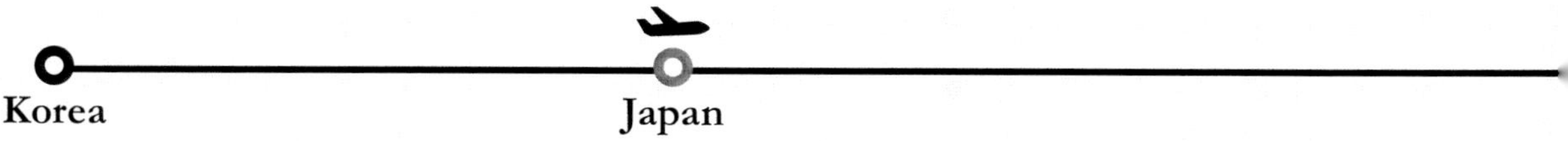

extracurricular	정규과목 이외의	ɛkstrəkərikjulə	엑스트뤄커**뤼**큘러
aware	알고 있는, 인식하고 있는	əwer	어**웨**어
resident	주민, 투숙객, 레지던트(수련의)	rezidənt	**뤠**지던트
absolute	완전한, 완전무결한	æbsəlu:t	**앱**서룰
improve	향상시키다, 개선하다	impru:v	임프**루**브

단어	뜻	발음기호	한글발음
premier	최고의, 뛰어난	primir	프뤼**미**어
management	경영진, 경영	mænidʒmənt	**매**니쥐먼트
impair	손상시키다, 해치다	imper	임**페**어
memoirs	회고록	memwa:rz	**메**무와아즈
behind schedule	예정보다 늦게	bihaind skedʒu:l	비**하**인드 스**케**쥬을

USA

continually	계속해서, 끊임없이, 되풀이해서, 빈번히	kəntinjuəli	컨**티**뉴얼리
everlasting	영원한, 끊임없는	evərlæstiŋ	에버**래**스팅
fixture	붙박이, 경기	fikstʃə(r)	**삑**스춰
manner	방식, 태도, 예의(복수형), 관습(복수형)	mænə(r)	**매**너
major	주요한, 중대한	meidʒə	**메**이줘

Chunk set 09 ▸▸

단어	뜻	발음기호	한글발음
remain	계속 ~한 상태이다, 남다	rimein	뤼**메**인
condition	조건, 상태	kəndiʃn	컨**디**션
extensively	광범위하게, 널리	ikstensivli	익스**텐**시블리
request	요청, (v.) 요청하다	rikwest	뤼**퀘**스트
subsidiary	자회사, (adj.) 부수적인, 자회사의	səbsidieri	썹**씨**디어뤼

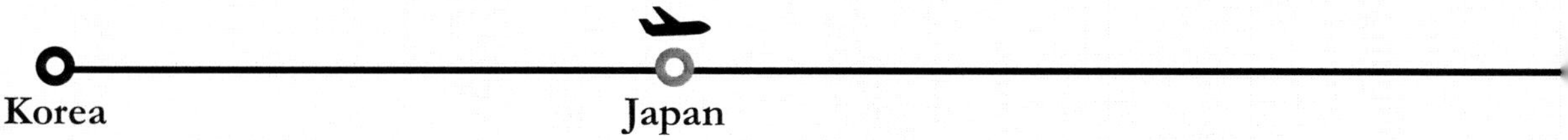

cater	(연회 등의) 음식물을 공급하다	keitə(r)	**케**이터
search	찾기, 조사, (v.) 찾아보다, 수색하다	sɜ:rtʃ	써어취
housing	집, 주택	hauziŋ	**하**우징
confirm	확인하다, 확정하다	kənfɜ:rm	컨**뻐**엄
agreeably	쾌적하게, 기분 좋게	əgri:əbli	어그**뤼**어블리

단어	뜻	발음기호	한글발음
dietary	식이 요법의, 규정식의	daiəteri	**다**이어테뤼
concurrent	동시 발생의, 공존하는	kənkɜ:rənt	컨**커**뤈트
hierarchy	계층, 계급	haiəra:rki	**하**이어롸키
apparel	의복, 의류	əpærəl	어**패**뤌
chef	주방장, 요리사	ʃef	쉬쁘

USA

erect	세우다, 건립하다, (adj.) 똑바로 선	irekt	이**뤡**트
separate	분리하다, (adj.) 분리된	sepəreit / (adj.) sepərit	**쎄**퍼레잇트 / (adj.) **쎄**퍼럿
discount	할인, (v.) 할인하다, 무시하다	diskaunt	**디**스카운트 / (v.) 디스**카**운트
trust	신뢰, (v.) 신뢰하다	trʌst	트뤄스트
oversee	(작업/활동이 제대로 이뤄지는지) 감독하다	ouvərsi:	오우버**씨**이

Chunk set 10 ▸▸

단어	뜻	발음기호	한글발음
slightly	약간, 조금, (체구가) 자그마한	slaitli	슬**라**이틀리
agenda	의제, 의사일정	ədʒendə	어**젠**더
manuscript	원고, 필사본	mænjuskript	**매**뉴스크륖트
seek	구하다, 찾다(seek-sought-sought)	si:k	씨잌
reverse	뒤의, 반대의	rivɜ:rs	뤼**버**어스

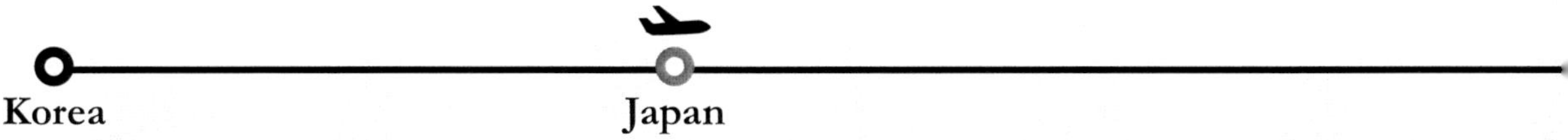

operate	(기계 등이) 작동하다, 운용하다, 수술하다	a:pəreit	**오**퍼뤠잍
indicate	보여주다, 나타내다	indikeit	**인**디케잍
leadership	지도력, 대표직, 지도부	li:dərʃip	**리**이더슆
regular	정기적인, 단골의	regjələ(r)	**뤠**귤러
fraud	사기, 사기꾼, 가짜	frɔ:d	쁘로오드

단어	뜻	발음기호	한글발음
instigate	선동하다, 부추기다	instigeit	**인**스티게잍
device	장치, 방법, 폭발물	divais	디**바**이쓰
admission	입장, 입장료, (범행/잘못 등에 대한) 시인	ədmiʃn	어드**미**션
paramount	최고의, 가장 중요한	pærəmaunt	**패**뤄마운트
available	이용 가능한, (사람들을 만날) 시간이 있는	əveiləbl	어**베**일러블

USA

delivery	배달, 출산, (야구에서) 던진 공	dilivəri	딜**리**버뤼
draw	끌다, 끌어당기다, 그리다(draw-drew-drawn)	drɔ:	드로오
instantly	즉각적으로, 즉시	instəntli	**인**스턴틀리
keep clear of	~에서 떨어져 있다		키잎 클리어 어브
antitrust	독점 금지의	æntitrʌst	앤티트**러**스트

Chunk set 11 ▸▸

단어	뜻	발음기호	한글발음
celebrity	유명인사, 명성	səlebrəti	썰**레**브러티
utility	공공시설, 공공요금	ju:tiləti	유우**틸**러티
deviate	벗어나다, 일탈하다	di:vieit	**디**비에잍
perpetrate	범하다, 저지르다	pɜ:rpətreit	**퍼**어퍼트뤠잍
outpace	~보다 속도가 빠르다, 앞지르다	autpeis	아웉**페**이쓰

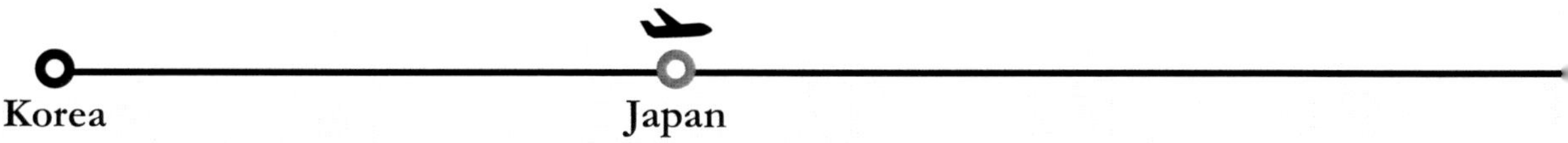

arise	(문제 등이) 발생하다, 일어나다(arise-arose-arisen)	əraiz	어**롸**이즈
capability	능력, 역량	keipəbiləti	케이퍼**빌**러티
partially	부분적으로, 일부분은	pa:rʃəli	**파**아셜리
decorate	장식하다, (훈장을) 수여하다	dekəreit	**데**커뤠잍
in common	공통으로, 공동으로	in ka:mən	인 **카**먼

단어	뜻	발음기호	한글발음
skepticism	회의론, 회의, 무신론	skeptəsizm	스**켚**터씨즘
immune	면역의, 면역성이 있는, ~이 면제되는	imju:n	이**뮤**운
deem	간주하다, 생각하다, 여기다	di:m	디임
widely	널리, 폭넓게, 대단히	waidli	**와**이들리
merely	단지, 그저, 한낱	mirli	**미**얼리

USA

sweep	휩쓸다, 청소하다(sweep-swept-swept)	swi:p	스**위**잎
tow	견인하다, (n.) 견인	tou	토우
managerial	관리의, 경영의, 운영의	mænədʒiriəl	매너**쥐**뤼얼
consultant	고문(상담가), 컨설턴트	kənsʌltənt	컨**설**턴트
landslide	산사태, 압도적 승리	lændslaid	**랜**드슬라이드

Chunk set 12 ▸▸

단어	뜻	발음기호	한글발음
policy	규정, 보험, 증권, 정책	pa:ləsi	**팔**러씨
satisfied	만족하는, 만족스러워하는	sætisfaid	**쌔**티쓰빠이드
corporatiion	주식회사, 법인	kɔ:rpəreiʃn	코오퍼**뤠**이션
chemical	화학제품, 화학물질, (adj.) 화학의, 화학적인	kemikl	**케**미클
manipulation	조작, 교묘한 처리	mənipjuleiʃən	머니퓰**레**이션

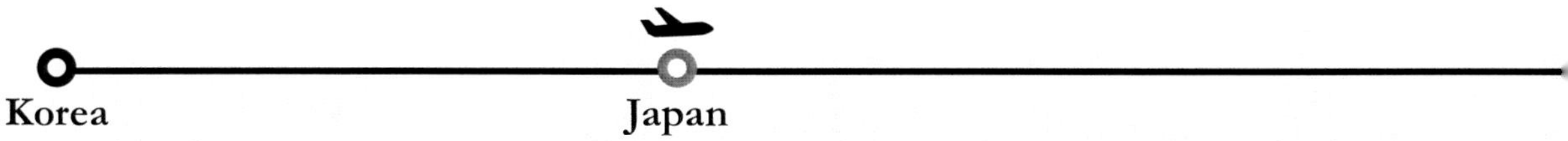

단어	뜻	발음기호	한글발음
enable	(무엇을) 가능하게 하다	ineibl	이**네**이블
competitor	경쟁업체, 경쟁자	kəmpetitə(r)	컴**페**티터
occur	(일이) 발생하다, 일어나다, (어디에) 존재하다	əkɜ:(r)	어**커**어
manufacturing	제조(업)의, (n.) 제조업	mænjufæktʃəriŋ	매뉴**빽**춰륑
adequate	적절한, 충분한	ædikwət	**애**디퀏

단어	뜻	발음기호	한글발음
showing	상영, 실적	ʃouiŋ	쇼우잉
research	연구, 조사, (v.) 연구하다, 조사하다	risɜ:tʃ	뤼써어취
domestic	국내의, 국산의	dəmestik	더메스틱
pollutant	오염물질, 오염원	pəlu:tənt	펄루우턴트
literate	읽고 쓸 줄 아는, 학식있는	litərət	리터뤌

USA

segment	부분, 조각	segmənt	쎄그먼트
deal	처리하다, 거래하다, 다루다, (n.) 처리, 거래(deal-dealt-dealt)	di:l	디을
appropriate	적당한, 적합한	əproupriət	어프로우프뤼얼
sanction	제재, 허가, 처벌, (v.) 허가하다, 처벌하다	sæŋkʃn	쌩션
remainder	나머지, (책의) 재고품	rimeində(r)	뤼메인더

Chunk set 13 ▸▸

단어	뜻	발음기호	한글발음
promising	유망한, 전망이 좋은	pra:misiŋ	프**롸**미씽
evaluate	평가하다, 감정하다	ivæljueit	이**밸**류에잍
legitimate	합법적인, 정당한, 적당한	lidʒitimət	리**쥐**티멀
participation	참여, 가입	pa:rtisipeiʃn	파티씨**페**이션
platform	승강장, 강단, 플랫폼(사용 기반이 되는 컴퓨터 등의 시스템/소프트웨어)	plætfɔ:rm	플**랱**뽀옴

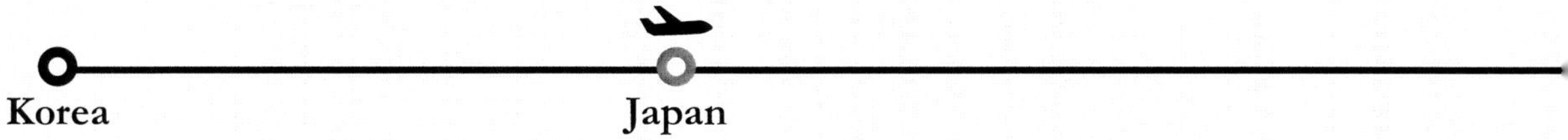

procrastinate	미루다, 꾸물거리다	proukræstineit	프로우크**뤠**스티네잍
impressive	굉장한, 인상적인	impresiv	임프**뤠**시브
ship	운송하다, (n.) 선박	ʃip	쉽
monetary	금융의, 통화의	mʌniteri	**머**니테뤼
description	(제품 등의) 설명, 해설	diskripʃn	디스크**륖**션

단어	뜻	발음기호	한글발음
objection	반대, 이익	əbdʒekʃn	어브**젝**션
realistically	현실적으로, 현실적으로 말해서, 사실적으로	ri:əlistikli	뤼얼**리**스티클리
solely	전적으로, 혼자서	soulli	**쏘**울리
immediately	즉시, 곧	imi:diətli	이**미**디어틀리
opportunity	기회	a:pərtu:nəti	오퍼**튜**너티

USA

liable	~하기 쉬운, (무엇의 비용을 지불할) 법적 책임이 있는	laiəbl	**라**이어블
embargo	무역 금지, 통상 금지령, 금수 조치, (v.) 금수 조치하다	imba:rgou	임**바**아고우
union	노동조합, 연방, 통합	ju:niən	**유**우니언
specifically	명확하게, 특히	spəsifikli	스퍼**씨**삑리
in the red	적자의	in ðə red	인 더 뤠드

Chunk set 14 ▸▸

단어	뜻	발음기호	한글발음
respirator	인공호흡장치, (연기/가스 등을 차단하기 위해 쓰는) 마스크	respəreitə(r)	뤠스퍼뤠이터
examination	진찰, 검사	igzæmineiʃn	이그재미네이션
emphasis	강조, 주안점, 강한 어조	emfəsis	엠뻐씨쓰
favorably	호의적으로, 유리하게, 순조롭게, 알맞게	feivərəbli	뻬이버뤄블리
required	필수의, 의무적인	rikwaiərd	뤼콰이어드

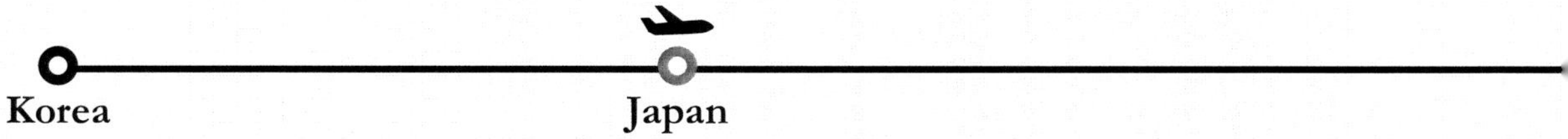

notification	통지, 알림	noutifikeiʃn	노우티삐케이션
clearly	명확히, 분명히	klirli	클리얼리
affect	~에 영향을 미치다, 불리하게 작용하다	əfekt	어뻭트
forfeit	몰수당하다, 잃다	fɔ:rfət	뽀오뻗
dental	치과의, (음성학) 치음의('ð', 'θ' 발음처럼 혀끝을 윗니에 대고 내는 음)	dentl	덴틀

단어	뜻	발음기호	한글발음
budget	예산, (v.) 예산을 세우다	bʌdʒit	**버**쥘
confront	~에 직면하다, 맞서다	kənfrʌnt	컨쁘**런**트
present	제시하다, (adj.) 현재의, 참석한, (n.) 선물	prizent / (adj.) preznt	프뤼**젠**트 / (adj.) **프뤠**즌트
honor	존경, 명예, (v.) 존경하다, 지불하다	anər	**아**너
amendment	수정, 개정	əmendmənt	어**멘**드먼트

USA

politely	공손하게, 예의 바르게	pəlaitli	펄**라**이틀리
by comparison	비교해 보면	bai kəmpærisn	바이 컴**패**뤼즌
instruct	지시하다, 가르치다	instrʌkt	인스트**럭**트
collaborate	협력하다, 공동으로 일하다	kəlæbəreit	컬**래**버뤠잍
inflation	물가상승, 인플레이션, 통화팽창	infleiʃn	인쁠**레**이션

Chunk set 15 ▸▸

단어	뜻	발음기호	한글발음
jeopardize	위태롭게 하다, 위험에 빠뜨리다	dʒepərdaiz	**줴**퍼다이즈
assume	~라고 생각하다, 맡다	əsu:m	어**쓔**움
overhead expense	경상비	ouvərhed ikspens	**오**우버헤드 익쓰**펜**쓰
shred	잘게 자르다, 찢다, (n.) (가늘고 작은) 조각, 아주 조금	ʃred	쉬뤠드
illegible	읽기 어려운, 판독이 불가능한	iledʒəbl	일**레**줘블

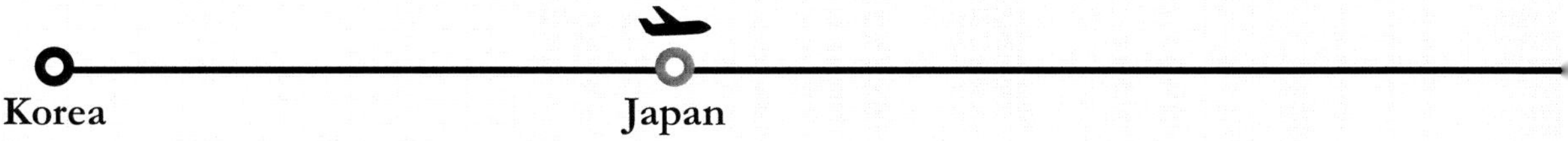

agency	대행 회사, 대리점	eidʒənsi	**에**이줜씨
for the time being	당분간	fə(r) ðə taim bi:iŋ	뻐 더 타임 **비**잉
detain	억류하다, 지체하게 하다	ditein	디**테**인
commit	전념하다, 헌신하다, (범죄를) 저지르다	kəmit	커**밑**
notify	~에게 통지하다, 알리다	noutifai	**노**우티빠이

단어	뜻	발음기호	한글발음
approximately	대략, 거의	əpra:ksimətli	어프**롹**시머틀리
contrary	반대되는, (n.) 반대되는 것	ka:ntreri	**칸**트뤠뤼
comprehensive	포괄적인, 종합적인	ka:mprihensiv	캄프뤼**헨**씨브
certification	증명서, 증명	sɜ:rtifikeiʃn	써티삐**케**이션
mounting	증가하는, 오르는	mauntiŋ	**마**운팅

USA

handle	취급하다, 다루다, 조종하다, (n.) 손잡이	hændl	**핸**들
compensation	보상금, 보상	ka:mpenseiʃn	캄펜**쎄**이션
insolent	무례한, 버릇없는	insələnt	**인**썰런트
petition	진정서, 탄원서	pətiʃn	퍼**티**션
censure	비난, (v.) 비난하다	senʃə(r)	**쎈**쉬어

Chunk set 16 ▸▸

단어	뜻	발음기호	한글발음
reminisce	추억하다, 추억담을 나누다	reminis	뤠미**니**쓰
accustomed	익숙한, 평상시의	əkʌstəmd	어**커**스텀드
annotated	(책 등이) 주석이 달린	ænəteitid	**애**너테이티드
imply	암시하다, 넌지시 나타내다, 의미하다	implai	임플**라**이
previously	이전에, 미리, 사전에	pri:viəsli	프**뤼**이비어슬리

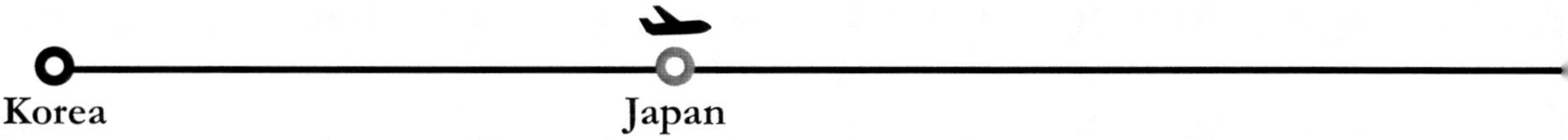

단어	뜻	발음기호	한글발음
lessen	줄이다, 완화하다	lesn	**레**슨
fine	벌금, (v.) 벌금을 부과하다, (adj.). 섬세한	fain	빠인
propose	제안하다, 청혼하다	prəpouz	프뤄**포**우즈
abbreviate	축약하다, 단축하다	əbri:vieit	어브**리**비에잍
duration	지속 기간, 지속	dureiʃn	듀**뤠**이션

단어	뜻	발음기호	한글발음
discerning	식별력 있는, 안목 있는	disɜ:rniŋ	디**써**닝
warehouse	창고, 저장소	werhaus	**웨**어하우스
substantial	상당한, 단단히 지은	səbstænʃl	써브스**탠**셜
experience	경험, (v.) 경험하다	ikspiriəns	익쓰**피**뤼언쓰
container	용기, 그릇	kənteinə(r)	컨**테**이너

USA

lower	(가격 등을) 줄이다, (adj.) 더 낮은	louə(r)	**로**우어
dwelling	거주, 거처	dweliŋ	드**웰**링
informative	유익한, 유용한 정보를 주는	infɔ:rmətiv	인**뽀**머티브
relocation	이전, 재배치	ri:loukeiʃən	리로**케**이션
concerning	~에 관하여, ~에 관련된	kənsɜ:rniŋ	컨**써**어닝

Chunk set 17 ▸▸

단어	뜻	발음기호	한글발음
coverage	(보험의) 보상 범위, (신문 등의) 보도 범위	kʌvəridʒ	**커**버뤼쥐
response	응답, 대답	rispa:ns	뤼스**파**안쓰
publicize	공표하다, 광고하다	pʌblisaiz	**퍼**블리싸이즈
foundation	토대, 기초	faundeiʃn	빠운**데**이션
do one's utmost	전력을 다하다	du wʌns ʌtmoust	두 원스 **얻**모우스트

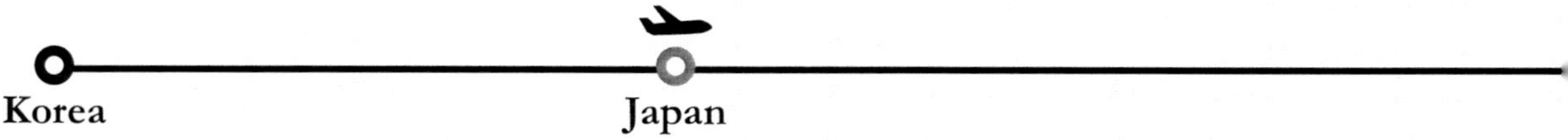

destination	목적지, (물품의) 도착지	destineiʃn	데스티**네**이션
stir	휘젓다, 뒤섞다, (n.) 젓기, (많은 사람들이 느끼는) 동요	stɜ:(r)	스터어
creditable	훌륭한, 칭찬할 만한	kreditəbl	크**뤠**디터블
browse	훑어보다, 둘러보다	brauz	브롸우즈
subsequent	다음의, 그 후의	sʌbsikwənt	**썹**씨퀀트

단어	뜻	발음기호	한글발음
sufficiently	충분히, (~하기에) 충분할 만큼	səfiʃəntli	써**삐**션틀리
compliment	칭찬하다, (n.) 찬사	ka:mplimənt	**캄**플리먼트
appreciate	감사하게 생각하다, 높이 평가하다, 감상하다	əpri:ʃieit	어프**뤼**쉬에잍
decision	결정, 판단	disiʒn	디**씨**젼
workshop	워크숍, 연수	wɜ:rkʃa:p	**우**어크샤앞

USA

thrive	번영하다, 성공하다	θraiv	쓰**롸**이브
cuisine	요리, 요리법	kwizi:n	쿠이**지**인
drip	뚝뚝 떨어지다, (n.) (액체가) 뚝뚝 떨어짐, 방울	drip	드륖
adore	존경하다, 아주 좋아하다	ədɔ:(r)	어**도**오
provide	공급하다, 제공하다	prəvaid	프뤄**바**이드

Chunk set 18 ▸▸

단어	뜻	발음기호	한글발음
involved	관계된, 열심인, 가까운 사이인	inva:lvd	인**발**브드
consider	고려하다, (~을 ~로) 여기다	kənsidə(r)	컨**씨**더
manufacturer	제조회사, 제조업자	mænjufæktʃərə(r)	매뉴**빽**춰뤄
emerge	드러나다, 나타나다	imɜ:rdʒ	이**머**어쥐
comfortable	편안한, 풍족한, 많은 차이가 나는	kʌmftəbl	**컴**뻐터블
contributor	기고가, 공헌자	kəntribjətə(r)	컨트**뤼**뷰터
authentic	진정한, 진짜의, 진품의	ɔ:θentik	오**쎈**틱
brisk	활발한, 호황의	brisk	브리스크
residence	거주지, 주택	rezidəns	**뤠**지던쓰
enlarge	확장하다, 확대하다	inla:rdʒ	인**라**아쥐

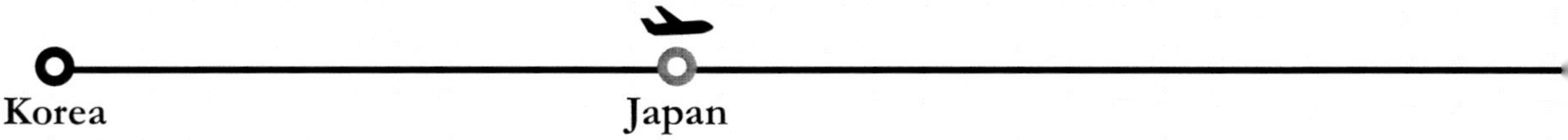

단어	뜻	발음기호	한글발음
inherently	본질적으로, 선천적으로	inhɛrəntli	인**허**뤈틀리
belongings	소지품, 소유물	bilɔːŋiŋz	비**로**옹잉즈
prospect	전망, 예상	praːspekt	프**롸**아스펙트
readily	즉시, 손쉽게	redili	**뤠**딜리
incidence	발생 정도, 범위	insidəns	**인**씨던쓰

USA

renovate	개조하다, 수리하다	renəveit	**뤠**너베잍
conceivably	아마도, 상상컨대	kənsiːvəbli	컨**씨**버블리
spectator	관중, 구경꾼	spekteitər	스**펙**테이터
reserved	예약된, 보존된	rizɜːrvd	뤼**저**어브드
storage	보관소, 저장소	stɔːridʒ	스**토**뤼쥐

Chunk set 19 ▸▸

단어	뜻	발음기호	한글발음
indulge	빠지다, 탐닉하다	indʌldʒ	인**덜**쥐
availability	(입수) 가능성, 유효성, 유용성	əveiləbiləti	어베일러**빌**러티
organize	준비하다, 조직하다, 정리하다	ɔ:rgənaiz	**오**거나이즈
clientele	고객들, 의뢰인들	klaiəntel	클**라**이언테을
recruit	모집하다, 설득하다, (n.) 신병, 신입 사원	rikru:t	뤼크**루**울

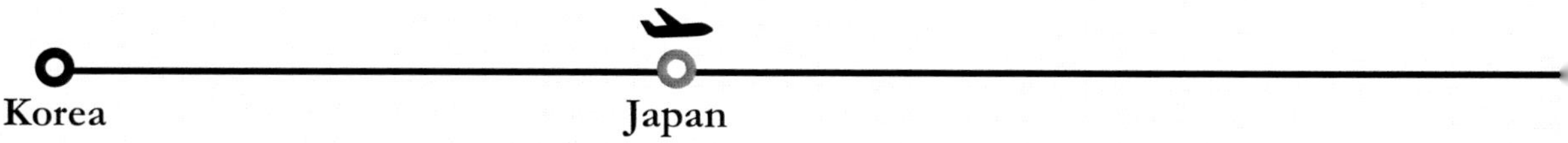

moderator	사회자, 중재자	ma:dəreitə(r)	**마**아더뤠이터
transfer	보내다, 전근시키다	trænsfɜ:(r)	트뤤스**뻐**어
chronological	시간순의, 연대순의	kra:nəla:dʒikl	크롸아널**라**쥐클
regard	~으로 간주하다, (n.) 배려, 안부	riga:rd	뤼**가**드
initiate	시작하다, 착수하다	iniʃieit	이**니**쉬에잍

단어	뜻	발음기호	한글발음
extension	연장, (전화의) 내선	ikstenʃn	익스**텐**션
corrosion	부식, 부식으로 생긴 것(녹 등)	kərouʒən	커**로**우젼
blueprint	청사진, 상세한 계획	blu:print	블**루**프린트
alleviate	줄이다, 완화하다	əli:vieit	얼**리**비에잍
restore	복구하다, 회복시키다	ristɔ:(r)	뤼스**토**어

USA

quarter	사분기, 4분의 1, (도시 내의) 구역	kwɔ:rtə(r)	**쿠**오터
contribute	기여하다, 공헌하다	kəntribju:t	컨트**뤼**뷰트
contract	계약하다, 수축하다, (n.) 계약, 약정	ka:ntrækt	**칸**트뢕트
deep pockets	충분한 자금력	di:p pa:kit	디잎 **파**킽
instance	사례, 경우	instəns	**인**스턴스

Chunk set 20 ▸▸

단어	뜻	발음기호	한글발음
representative	직원, 외판원, 대표자	reprizentətiv	뤠프리**젠**터티브
resolution	해결, 결심, 결의안, (모니터 등의) 해상도	rezəlu:ʃn	뤠저**루**우션
correspondence	편지, 통신문	kɔ:rəspa:ndəns	코오뤄스**판**던쓰
conserve	보전하다, 유지하다	kənsɜ:rv	컨**써**어브
verbalize	말로 나타내다, 말로 표현하다	vɜ:rbəlaiz	**버**어벌라이즈
disturbing	방해하는, 충격적인, 불안감을 주는	distɜ:rbiŋ	디스**터**어빙
negligence	부주의, 태만	neglidʒəns	**네**글리줜쓰
prescribe	(약을) 처방하다, 규정하다	priskraib	프뤼스크**라**이브
aspect	측면, 국면	æspekt	**애**스펙트
physician	내과의사, 의사	fiziʃn	삐**지**션

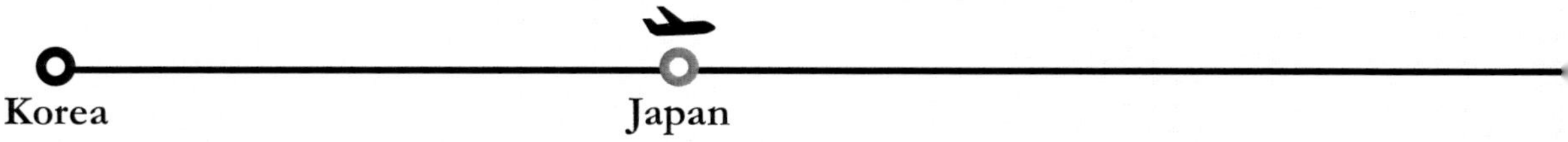

단어	뜻	발음기호	한글발음
identification	신분증, 신분 증명서	aidentifikeiʃn	아이덴티삐**케**이션
automate	(일을) 자동화하다	ɔ:təmeit	**오**터메잍
remove	해임하다, 제거하다	rimu:v	뤼**무**우브
study	연구, 학습, (v.) 공부하다, 조사하다	stʌdi	스**터**디
orchestrate	주관하다, 조직하다, (음악을) 오케스트라용으로 편곡하다	ɔ:rkistreit	**오**키스트뤠잍

USA

depression	불황, 우울, 저기압	dipreʃn	디프**뤠**션
routinely	정기적으로, 일상적으로	ru:ti:nli	루**틴**리
courier	급송 택배, 운반인	kuriə(r)	**쿠**리어
bulk	대량의, (n.) 큰 규모(양), 대부분	bʌlk	**벌**크
conceal	숨기다, 감추다	kənsi:l	컨**씨**을

TOUCH VOCA

Chunk set 21 ▸▸

단어	뜻	발음기호	한글발음
emission	배출, 배출물, 배기가스	imiʃn	이**미**션
enhance	강화하다, 높이다	inhæns	인**핸**쓰
fall	(가치 등이) 하락하다, (n.) 하락, 가을	fɔ:l	뽀을
presumably	아마, 짐작건대	prizu:məbli	프뤼**주**우머블리
innovative	혁신적인, 획기적인	inəveitiv	이**너**베이티브
omit	생략하다, (빠뜨리고) ~하지 않다	əmit	오**밑**
meticulously	꼼꼼하게, 좀스럽게	mətikjələsli	머**티**결러슬리
convention	대회, 회의, 협약	kənvenʃn	컨**벤**션
commute	통근하다, 감형하다, (지불 방식을) 대체하다	kəmju:t	커**뮽**
cooperatively	협력하여, 협조적으로	kəuɒp(ə)rətivli	코우**아**퍼뤄티블리

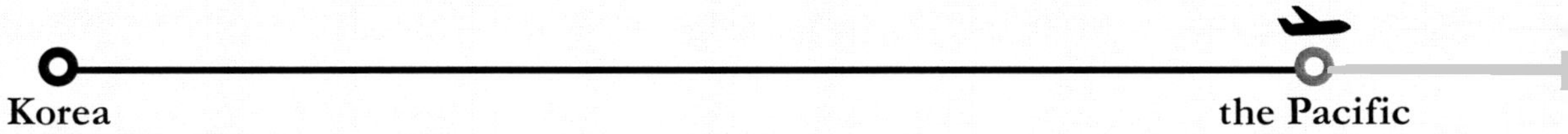

단어	뜻	발음기호	한글발음
round trip	왕복 여행	raund trip	롸운드 트륍
strive	노력하다, 분투하다	straiv	스트롸이브
specific	구체적인, 명확한	spəsifik	스퍼씨삑
obligate	의무를 지우다, 강요하다, (adj.) 의무적인, 필수의	abləgeit	아블러게잍
tend	~하는 경향이 있다, ~하기 쉽다	tend	텐드

USA

aspire	열망하다, 염원하다	əspaiə(r)	어스파이어
form	종류, 양식, (v.) 형성되다, 형성시키다	fɔ:rm	뽀옴
accomplice	공범(자)	əka:mplis	어캄플리스
preferment	승진, 발탁	prifɜ:rmənt	프뤼뻐어먼트
occupancy	이용률, 사용	a:kjəpənsi	아켜펀씨

Chunk set 22 ▸▸

단어	뜻	발음기호	한글발음
reconcile	화해시키다, 조화시키다	rekənsail	**뤠**컨싸일
contemporary	같은 시대의, 현대의	kəntempəreri	컨**템**퍼뤠뤼
quarantine	검역소, 격리	kwɔ:rənti:n	**쿠**오뤈티인
preamble	서론, 서문	priæmbl	프뤼**앰**블
disclose	공개하다, 밝히다	disklouz	디스**클**로즈
carefully	주의 깊게, 신중히	kæərfəli	**케**어뻘리
blabbermouth	입이 가벼운 사람, 수다쟁이	blæbərmauθ	블**래**버마우쓰
commercial	상업의, (n.) 광고	kəmɜ:rʃl	커**머**쉴
announce	발표하다, 방송으로 알리다	ənauns	어**나**운쓰
carton	(음식/음료 등이 담긴) 종이상자, (음식/음료를 담는) 갑	ka:rtn	**카**아튼

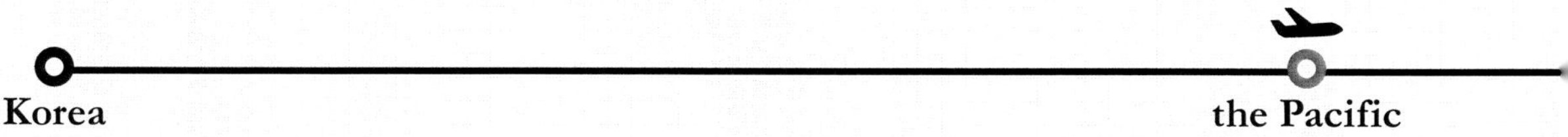

단어	뜻	발음기호	한글발음
specify	(구체적으로) 명시하다	spesifai	스페씨빠이
drastic	강력한, 과감한	dræstik	드뤠스틱
ecology	생태학, 생태	ika:lədʒi	이카알러쥐
disrupt	방해하다, 피해를 주다	disrʌpt	디스뤞트
tranquil	조용한, 고요한	træŋkwil	트뤵퀴일

USA

morale	사기, 의욕	məræl	머뤠을
growth	성장, 발전	grouθ	그로우쓰
minutes	회의록, 의사록	mainju:t	미늍츠
accommodate	수용하다, 숙박시키다	əka:mədeit	어카머데잍
encouragement	격려, 격려가 되는 것	inkɜ:ridʒmənt	인커뤼쥐먼트

Chunk set 23 ▸▸

단어	뜻	발음기호	한글발음
acquire	매입하다, 획득하다	əkwaiə(r)	어**콰**이어
absolutely	절대적으로, 완전히	æbsəlu:tli	**앱**서루틀리
flourish	번창하다, 잘 자라다, (사람들이 보도록) 흔들어 대다, (n.) 과장된 동작	flɜ:riʃ	쁠**러**어뤼쉬
flexible	융통성 있는, 유연한	fleksəbl	쁠**렉**서블
pharmaceutical	제약의, 약학의	fa:rməsu:tikl	빠머**쑤**우티클

Korea

the Pacific

according to	~에 따라, ~에 따르면	əkɔ:rdiŋ tə	어**코**딩 투
possible	가능한, 있음직한	pa:səbl	**파**아써블
quality	품질, 질	kwa:ləti	**콸**러티
department	(조직 등의) 부서, 부처, 학과	dipa:rtmənt	디**파**아트먼트
duty	관세, 세금, 의무	du:ti	**듀**우티

단어	뜻	발음기호	한글발음
feasibility	가능성, 실행 가능함	fi:zəbiliti	삐저**빌**리티
remarkable	현저한, 놀랄 만한	rima:rkəbl	뤼**마**아커블
successive	연달아, 계속적인	səksesiv	썩**쎄**씨브
distract	집중이 안 되게 하다, 산만하게 하다	distrækt	디스트**랙**트
crane	크레인, 두루미, 학	krein	크뤠인

USA

coordinate	조정하다, 조직화하다, (옷차림 등을) 꾸미다	kouɔ:rdineit	코우**오**디네잍
recently	최근에	ri:sntli	**뤼**쓴틀리
host	(대회 등을) 주최하다, (n.) 주인, 진행자, 주최 측	houst	호우스트
official	공무원, 관리, (adj.) 공식적인	əfiʃl	어**삐**셜
contain	포함하다, 억누르다, 방지하다	kəntein	컨**테**인

Chunk set 24 ▸▸

단어	뜻	발음기호	한글발음
purify	정화시키다, 정제하다	pjurifai	**퓨**뤼빠이
double	두 배로 만들다, (adj.) 두 배의, (n.) 두 배, 꼭 닮은 사람	dʌbl	**더**블
complaint	불평, 고소, 통증	kəmpleint	컴플**레**인트
mandate	명령하다, 요구하다	mændeit	**맨**데잍
exhaust	지치다, 소모시키다	igzɔ:st	이그**조**스트

Korea　　　　the Pacific

assert	단언하다, 주장하다	əsɜ:rt	어**써**트
aim	~을 겨누다, (n.) 목표	eim	**에**임
revolutionary	혁명적인, (n.) 혁명가(복수형)	revəlu:ʃəneri	뤠버**루**셔네뤼
convenience	편리, 편의	kənvi:niəns	컨**비**니언쓰
subscriber	가입자, 구독자	səbskraibə(r)	서브스크**롸**이버

단어	뜻	발음기호	한글발음
standing ovation	기립박수	stændiŋ ouveiʃn	스**탠**딩 오우**베**이션
be eligible for	~에 대한 자격이 있다	bi ɛlidʒib(ə)l fə(r)	비 엘리지블 뻐
shipment	선적, 수송품	ʃipmənt	**쉽**먼트
migration	이동, 이주	maigreiʃn	마이그**뤠**이션
frustrate	좌절시키다, 실망시키다	frʌstreit	쁘**뤄**스트뤠잍

USA

boost	(경기를) 부양시키다, 상승시키다	bu:st	부우스트
encompass	포함하다, 둘러싸다	inkʌmpəs	인**컴**퍼쓰
include	포함하다, ~에 포함시키다	inklu:d	인클**루**드
determine	결정하다, 확정하다	ditɜ:rmin	디**터**어민
prospective	장래의, 미래의	prəspektiv	프뤄스**펙**티브

Chunk set 25 ▸▸

단어	뜻	발음기호	한글발음
collision	충돌 (사고), 부딪침, (의견 등의) 충돌	kəliʒn	컬**리**젼
annulment	무효화, 취소	ənʌlmənt	어**널**먼트
utensil	(부엌의) 도구, (가정에서 사용하는) 기구	ju:tensl	유우**텐**슬
precaution	예방조치, 예방책	prikɔ:ʃn	프뤼**코**오션
affiliate	계열사, 자회사	əfilieit	어**삘**리에잍

Korea

the Pacific

voluntarily	자발적으로, 자원해서, 무료로	va:lənterəli	바알런**테**뤄리
finally	결국, 마침내, (여러 개를 언급할 때) 마지막으로	fainəli	**빠**이널리
stimulate	자극하다, 활발하게 하다	stimjuleit	스**티**뮬레잍
dependent	의존하는, (n.) 부양 가족	dipendənt	디**펜**던트
antique	골동품, (adj.) (귀중한) 골동품인	ænti:k	앤**팈**

단어	뜻	발음기호	한글발음
supervise	감독하다, 지도하다	su:pərvaiz	수퍼바이즈
subscription	(정기발행물의) 구독, 모금, 기부금	səbskripʃn	서브스크륍션
mutually	서로, 상호 간에	mju:tʃuəli	뮤우츄얼리
qualified	자격 있는, 적격의	kwa:lifaid	콸리빠이드
openly	공개적으로, 드러내 놓고, 솔직하게	oupənli	오우펀리

USA

economical	경제적인, 절약되는	i:kəna:mikl	이커나미클
speculation	추측, 짐작, 투기	spekjuleiʃn	스페큘레이션
depart	출발하다, (직장을) 그만두다	dipa:t	디파앝
legislation	법률, 법률 제정	ledʒisleiʃn	레쥐스레이션
nomination	임명, 지명	na:mineiʃn	나미네이션

Chunk set 26 ▸▸

단어	뜻	발음기호	한글발음
garment	의류, 옷	ga:rmənt	가아먼트
less	보다 적은, 덜한	les	레스
pleasure	즐거움, 영광	pleʒə(r)	플레줘
bargain	특가품, 흥정, (v.) 협상(흥정)하다	ba:rgən	바아건
abandon	포기하다, 버리다	əbændən	어밴던
showcase	전시, (v.) 전시하다	ʃoukeis	쇼우케이쓰
enroll	등록하다, 입학하다, 명부에 올리다	inroul	인로울
adversity	역경, 불운	ədvɜ:rsəti	어드버서티
board	탑승하다, (n.) 이사회	bɔ:rd	보오드
perception	인식, 지각	pərsepʃn	퍼쎕션

Korea

the Pacific

단어	뜻	발음기호	한글발음
deplete	고갈시키다, 대폭 감소시키다	dipli:t	디플리잍
hospitality	환대, 친절	ha:spitæləti	하스피탤러티
commentary	해설, 설명, 실황 방송	ka:mənteri	카먼터뤼
constraint	제약, 제한	kənstreint	컨스트뤠인트
disinfect	소독하다, 도청 장치를 제거하다	disinfekt	디스인뻭트

USA

evidently	분명히, 명백히	evidəntli	에비던틀리
occupation	직업, 점령, 거주	a:kjupeiʃn	아큐페이션
elect	선출된, (n.) 당선자, (v.) (선거로) 선출하다, 선택하다	ilekt	일렉트
discontented	불만스러운, 불만족한	diskəntentid	디스컨텐티드
lapse	착오, 실수	læps	랩스

Chunk set 27 ▸▸

단어	뜻	발음기호	한글발음
arrive	도착하다, 도래하다	əraiv	어**라**이브
impose	부과하다, 강요하다	impouz	임**포**우즈
missing	분실된, 없어진	misiŋ	**미**씽
contagion	감염, 전염, 전염병	kənteidʒən	컨**테**이줜
probationary period	수습기간	proubeiʃəneri piriəd	프로우**베**이셔네뤼 피뤼어드

Korea　　　　the Pacific

assort	분류하다, 조화하다	əsɔ:rt	어**쏘**오트
essential	필수적인, 본질적인	isenʃl	이**쎈**셜
alternative	대안, (adj.) 다른	ɔ:ltɜ:rnətiv	올**터**너티브
assemble	모으다, 조립하다	əsembl	어**쎔**블
negative	부정적인, 비관적인	negətiv	**네**거티브

단어	뜻	발음기호	한글발음
rapidly	급속히, 빨리	ræpidli	**래**피들리
exclusion	제외, 배제	iksklu:ʒn	잌쓰클**루**우젼
committee	위원회	kəmiti	커**미**티
hazardous	(특히 건강/안전에) 위험한	hæzərdəs	**해**저더쓰
cooperate	협력하다, 협동하다	koua:pəreit	코우**아**퍼뤠잍

USA

percentage	비율, 백분율	pərsentidʒ	퍼**쎈**티쥐
article	물품, 기사	a:rtikl	**아**티클
review	검토하다, 재조사하다	rivju:	뤼**뷰**우
following	~ 후에, 다음에 오는	fa:louiŋ	**빠**알로우잉
obligation	의무, 채무	a:bligeiʃn	어블리**게**이션

Chunk set 28 ▸▸

단어	뜻	발음기호	한글발음
companion	동료, 친구	kəmpæniən	컴**패**니언
personal	개인의, 개인적인	pɜːrsənl	**퍼**서늘
outcome	결과	autkʌm	**아**웉컴
sequence	순서, 차례	siːkwəns	**씨**이퀀쓰
calculate	계산하다, 산출하다	kælkjuleit	**캘**큐뤠잍

Korea — the Pacific

institution	기관, 학회	instituːʃn	인스티**튜**션
redeemable	(현금/상품과) 교환할 수 있는	ridiːməbl	뤼**디**이머블
narrow	(범위 등을) 좁히다, (adj.) 좁은	nærou	**내**로우
gratuity	팁, 봉사료	grətuːəti	그뤄**튜**우어티
advance	진보, 전진	ədvæns	어드**밴**스

단어	뜻	발음기호	한글발음
exhibitor	출품자, 전시회를 열고 있는 사람(회사)	igzibitə(r)	이그**지**비터
convince	확신시키다, 설득하다	kənvins	컨**빈**쓰
projection	예상(치), 투사, 돌출부	prədʒekʃn	프러**젝**션
embezzlement	횡령, 착복	imbezlmənt	임**베**즐먼트
knowledgeable	박식한	na:lidʒəbl	**나**알리줘블

USA

consensus	여론, 일치된 의견	kənsensəs	컨**쎈**서쓰
rigid	엄격한, 뻣뻣한, 융통성이 없는	ridʒid	**뤼**쥐드
contingent	~에 따라 결정되는, ~ 여하에 달린	kəntindʒənt	컨**틴**줜트
define	규정하다, 정의하다	difain	디**빠**인
excel	뛰어나다, 능가하다	iksel	익**쎄**을

Chunk set 29 ▸▸

단어	뜻	발음기호	한글발음
extent	범위, 규모	ikstent	익스**텐**트
oblige	부득이 하게 ~하게 하다	əblaidʒ	어블**라**이쥐
endorsement	보증, 지지	indɔ:rsmənt	인**도**오쓰먼트
forthcoming	다가오는, 마련된	fɔ:rθkʌmiŋ	뽀어쓰**커**밍
antibiotic	항생 물질, 항생제	æntibaia:tik	앤티바이**아**틱

Korea　　　　　　　　　　　　　　　　　　　　the Pacific

designated	지정된	dezigneitid	**데**지그네이티드
inclination	경향, 기울어짐	inklineiʃn	인클리**네**이션
dramatically	극적으로	drəmætikəli	드뤄**매**티컬리
powerhouse	발전소, 강한 그룹	pauərhaus	**파**우어하우스
amalgamate	혼합시키다	əmælgəmeit	어**맬**거메잍

단어	뜻	발음기호	한글발음
evaluation	평가, (수학의) 값을 구함	ivæljueiʃən	이밸류**에**이션
dignified	위엄 있는, 고귀한	dignifaid	**디**그니빠이드
inquiry	질문, 연구, 조사	inkwaiəri	인**콰**이어뤼
attentively	주의 깊게, 조심스럽게	ətɛntivli	어**텐**티블리
permit	허락하다, (n.) 허가증	pərmit	퍼**밑**

USA

단어	뜻	발음기호	한글발음
tedious	지루한, 싫증 나는	ti:diəs	**티**이디어쓰
consistently	지속적으로, 일관되게	kənsist(ə)ntli	컨**씨**스턴틀리
respond	응답하다, 대응하다	rispa:nd	뤼스**파**안드
advise	조언해주다, 충고하다	ədvaiz	어드**바**이즈
lay off	해고하다	lei ɔ:f	레이 오쁘

Chunk set 30 ▸▸

단어	뜻	발음기호	한글발음
strategy	전략, 계획	strætədʒi	스트**래**터쥐
highly	매우, 대단히	haili	**하**일리
amenity	편의 시설	əmenəti	어**메**너티
epuipment	장비, 설비	ikwipmənt	이**큅**먼트
stack	쌓다, (n.) 한 무더기	stæk	스택

Korea　　　　the Pacific

sophisticated	(기계가) 정교한, 세련된	səfistikeitid	써**삐**스티케이티드
initiative	계획, 진취성, 결단력, 주도권	iniʃətiv	이**니**셔티브
mortgage	(담보) 대출, (v.) 저당 잡히다	mɔ:rgidʒ	**모**오기쥐
community	지역 사회, 공동체	kəmju:nəti	커**뮤**너티
currently	현재, 지금	kɜ:rəntli	**커**뤈틀리

단어	뜻	발음기호	한글발음
customer	고객, 손님	kʌstəmə(r)	**커**스터머
execute	실행하다, 집행하다, 처형하다	eksikju:t	**엑**씨큐웉
grow	성장하다, 성장시키다, 증가시키다(grow-grew-grown)	grou	그로우
sovereignty	주권, 통치권	sa:vrənti	**싸**아브뤈티
install	설치하다, 장치하다	instɔ:l	인스**토**을

USA

meteorological	기상의, 기상학의	mi:tiəra:lədʒikl	미이티어**롸**러쥐클
cope with	~에 맞서다	kəup wið	코웊 위드
approval	승인, 인가	əpru:vl	어프**루**블
appliance	가전제품	əplaiəns	어플**라**이언스
convert	전환하다, 변환하다, (n.) 개종자, 전향자	kənvɜ:rt	컨**버**트

Chunk set 31 ▸▸

단어	뜻	발음기호	한글발음
delicate	섬세한, 민감한	delikət	**델**리컽
extraordinary	탁월한, 놀라운	ikstrɔ:rdəneri	익스트러**오**더네뤼
weightlessness	무중력	weitləsnes	**웨**이트러스네스
dedicate	헌신하다, 전념하다	dedikeit	**데**디케잍
launch	(신제품 등을) 출시하다, 시작하다, (배를) 진수시키다, (우주선 등을) 발사하다	lɔ:ntʃ	로온취

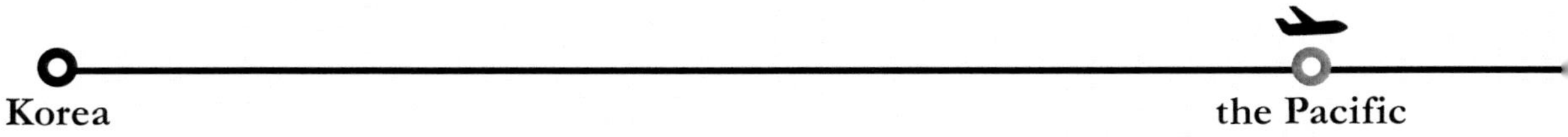

locate	위치를 찾아내다, 위치시키다	loukeit	**로**우케잍
aggressively	적극적으로	əgrɛsivli	어그**뤠**시블리
increasingly	점점, 더욱 더	inkri:siŋli	인크**뤼**싱리
eminent	저명한, 탁월한	eminənt	**에**미넌트
success	성과, 성공	səkses	썩**쎄**쓰

단어	뜻	발음기호	한글발음
upkeep	양육, 유지	ʌpki:p	엎키잎
genuine	진짜의, 진실한	dʒenjuin	줴뉴인
vastly	방대하게, 대단히	væstli	배스틀리
obscure	덮어 감추다, 모호하게 하다, (adj.) 잘 알려져 있지 않은, 모호한	əbskjur	업쓰큐어
very	매우, 대단히, 아주, 바로	veri	베뤼

USA

upgrade	업그레이드, (v.) 개선하다	ʌpgreid	엎그뤠이드
nutrition	영양	nutriʃn	뉴트뤼션
flyer	(광고용) 전단, 조종사, 나는 것	flaɪə(r)	플라이어
numerous	많은	nu:mərəs	뉴우머뤄쓰
appeal	관심을 끌다, 매력적이다	əpi:l	어피을

Chunk set 32 ▸▸

단어	뜻	발음기호	한글발음
establish	설립하다, 수립하다, 확립하다	istæbliʃ	이스**태**블리쉬
campaign	운동, 캠페인	kæmpein	캠**페**인
expire	(계약 등이) 만료되다, (직책을 맡는 기간이) 끝나다	ikspaiə(r)	익스**파**이어
confine	제한하다, 가두다	kənfain	컨**빠**인
preparation	준비, 대비	prepəreiʃn	프뤠퍼**뤠**이션
diner	식사하는 사람, 작은 식당	dainə(r)	**다**이너
fare	교통요금, 승객, 식사	fer	빼어
yield	(이윤을) 가져오다, 산출하다	ji:ld	이일드
transit	교통, 수송, (v.) 통과하다	trænzit	트**뤤**질
imperative	반드시 해야 하는	imperətiv	임**페**뤄티브

Korea　　　　the Pacific

단어	뜻	발음기호	한글발음
choice	선택물, 선택	tʃɔis	쵸이스
excess	초과, 초과량	ikses	익**쎄**쓰
alliance	동맹, 제휴	əlaiəns	얼**라**이언스
improbable	일어날 것 같지 않은	impra:bəbl	임프**라**버블
conscious	알고 있는, 의식이 있는	ka:nʃəs	**칸**셔쓰

USA

attendance	출석, 출근	ətendəns	어**텐**던쓰
leak	누출, 누출량, 새는 곳, (v.) (액체/기체가) 새게 하다	li:k	리잌
sponsor	후원하다, (n.) 후원자	spa:nsə(r)	스**파**안서
compartment	(물건 보관용) 칸	kəmpa:rtmənt	컴**파**트먼트
exactly	정확히, 꼭, 틀림없이	igzæktli	이그**잭**틀리

Chunk set 33 ▸▸

단어	뜻	발음기호	한글발음
chronic	만성의, 만성 질환을 앓고 있는	kra:nik	**크롸**아닉
mark	점수, 표시, (v.) 표시하다	ma:rk	마앜
customize	주문에 따라 만들다	kʌstəmaiz	**커**스터마이즈
tolerate	참다, 용인하다, 견디다	ta:ləreit	**타**알러뤠잍
independent	독립적인, 독자적인	indipendənt	인디**펜**던트

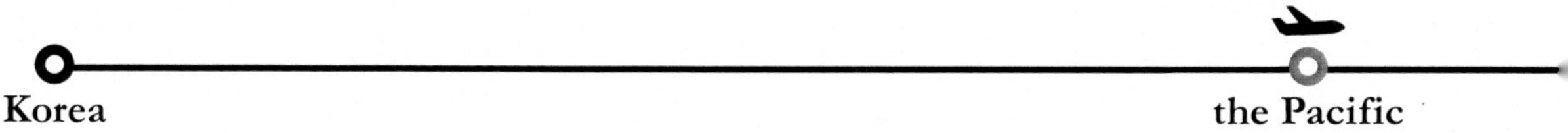

refreshments	다과, 가벼운 음식물	rifreʃmənt	뤼쁘**뤠**쉬먼트
foreclosure	압류, (빌려 간 돈에 대한) 담보권 행사	fɔ:rklouʒə(r)	뽀오클**로**우줘
cordially	진심으로, 몹시, 지독히	kɔ:rdʒəli	**코**오줠리
perform	행하다, 실행하다	pərfɔ:rm	퍼**뽀**옴
speak	이야기하다, 연설(발표)하다	spi:k	스피잌

단어	뜻	발음기호	한글발음
participate	참여하다, 참가하다	pa:rtisipeit	파**티**씨페잍
vital	중요한, 필수적인	vaitl	**바**이틀
seriously	진지하게, 심각하게, 진심으로	siriəsli	**씨**뤼어슬리
enact	제정하다, 상연하다, (일이) 벌어지다	inækt	이**냌**트
instruction	설명, 지시	instrʌkʃn	인스트**뤜**션

USA

applicant	지원자, 신청자	æplikənt	**애**플리컨트
verify	확인하다, 입증하다	verifai	**베**뤼빠이
earn	(금전 등을) 벌다, (평판 등을) 얻다	ɜ:rn	어언
remit	송금하다, 면제해 주다, (v.) 소관	rimit	뤼**밑**
predecessor	전임자	predəsesə(r)	프**뤠**더쎄써

Chunk set 34 ▸▸

단어	뜻	발음기호	한글발음
demonstration	설명, 시연	demənstreiʃn	데먼스트**뤠**이션
superior	우수한, 상급의	su:piriə(r)	수**피**뤼어
analyze	분석하다, 분석적으로 검토하다	ænəlaiz	**애**널라이즈
assignment	일, 임무	əsainmənt	어**싸**인먼트
temptation	유혹, 유혹하는 것	tempteiʃn	템프**테**이션

Korea the Pacific

implication	밀접한 관계, 암시	implikeiʃn	임플리**케**이션
committable	위탁할 수 있는, 재판에 부쳐야 할	kəmitəbl	커**미**터블
foreseeable	예견할 수 있는, 예측할 수 있는	fɔ:rsi:əbl	뽀오**씨**어블
markedly	두드러지게	ma:rkidli	**마**아키들리
absenteeism	장기 결석	æbsənti:izəm	앱선**티**점

단어	뜻	발음기호	한글발음
compulsory	의무적인, 강제적인, 필수의	kəmpʌlsəri	컴**펄**써뤼
densely	빽빽이, 밀집하여	dɛnsli	**덴**슬리
usually	보통, 일반적으로	ju:ʒuəli	**유**우절리
proposal	제안, 계획	prəpouzl	프뤄**포**우즐
alternatively	그렇지 않으면, 그 대신에	ɔ:ltɜ:rnətivli	올**터**너티블리

USA

biography	약력, 전기	baia:grəfi	바이**아**그러삐
advanced	진보된, 앞선	ədvænst	어드**밴**스트
modify	수정하다, 일부 변경하다	ma:difai	**마**아디빠이
exceptional	매우 뛰어난, 예외적인	iksepʃənl	익**쎕**셔늘
impede	저해하다, 방해하다	impi:d	임**피**이드

Chunk set 35 ▸▸

단어	뜻	발음기호	한글발음
particular	특정한, 독특한, 세심한	pərtikjələ(r)	퍼**티**컬러
certain	확실한, 특정한, 어떤	sɜ:rtn	**써**어튼
cash	현금으로 바꾸다, (n.) 현금, 돈	kæʃ	캐쉬
assess	평가하다, 가늠하다	əses	어**쎄**쓰
update	갱신, (v.) 갱신하다	ʌpdeit	엎데잍

Korea —————————————————— the Pacific

단어	뜻	발음기호	한글발음
respectful	정중한, 존중하는	rispektfl	뤼스**펙**트쁠
obtain	획득하다, 얻다, 존재하다	əbtein	어브**테**인
collateral	담보, 저당물	kəlætərəl	컬**래**터뤌
chance	가능성, 기회, (v.) 운에 맡기다	tʃæns	췐쓰
lecture	강의, 강연, (v.) 강의하다	lektʃə(r)	**렉**춰

단어	뜻	발음기호	한글발음
conceit	자만, 자부심	kənsi:t	컨**씨**잍
mandatory	의무적인, 법에 정해진	mændətɔ:ri	**맨**더토뤼
independence	독립성, 독립, 자립	indipendəns	인디**펜**던쓰
stock farmer	목축업자	sta:k fa:rmə(r)	스타앜 **빠**어머
remedy	치료법, 치료, 구제 방법	remədi	**뤠**머디

USA

coordination	조정, 조화, 합동	kouɔ:rdineiʃn	코우오디**네**이션
advisable	바람직한, 합당한	ədvaizəbl	어드**바**이저블
transportation	교통(수단), 운송 수단	trænspɔ:rteiʃn	트뢘스포오**테**이션
run	~을 운영하다, 경영하다, 달리다(run-ran-run)	rʌn	뤈
persuasive	설득력 있는	pərsweisiv	퍼스**웨**이시브

Chunk set 36 ▸▸

단어	뜻	발음기호	한글발음
personnel	직원, 인사과	pɜ:rsənel	퍼서**네**을
purchase	구매하다, (n.) 구매	pɜ:rtʃəs	**퍼**어춰쓰
measure	수단(복수형), 측정, (v.) 측정하다	meʒə(r)	**메**줘
exclusive	독점적인, 배타적인	iksklu:siv	익쓰클**루**우씨브
lend	빌려주다(lend-lent-lent)	lend	렌드

Korea

the Pacific

notice	통지, 통보, 주목, (v.) 알아차리다	noutis	**노**우티쓰
immensely	대단히, 엄청나게	imensli	이**멘**슬리
thrifty	검소한, 절약하는	θrifti	쓰**뤼**쁘티
curtail	삭감하다, 축소시키다	kɜ:rteil	커**테**일
charge	요금, 책임, 비난, (v.) (의무/세금 등을) 지우다	tʃa:rdʒ	촤아쥐

단어	뜻	발음기호	한글발음
dormitory	기숙사, 공동 침실	dɔ:rmətɔ:ri	**도**오머토뤼
accrue	(저절로) 생겨나다, 누적되다, 축적되다	əkru:	어쿠**루**
flavor	맛, 풍미	fleivər	쁠**레**이버
sewage	하수, 오수	su:idʒ	**쑤**우이쥐
prohibit	(특히 법으로) 금지하다, ~하지 못하게 하다	prəhibit	프러**히**빝

USA

combination	결합, 연합	ka:mbineiʃn	캄비**네**이션
consent	동의, 허가, (v.) 동의하다	kənsent	컨**쎈**트
migraine	편두통	maigrein	**마**이그뤠인
belated	뒤늦은	bileitid	비**레**이티드
successful	성공적인, 성공한	səksesfl	썩**쎄**쓰뽈

Chunk set 37 ▸▸

단어	뜻	발음기호	한글발음
plummet	폭락하다, 급락하다	plʌmit	플**러**밑
liability	책임, 부채(복수형)	laiəbiləti	라이어**빌**러티
necessarily	반드시, 필연적으로	nesəserəlili	네써**쎄**뤄릴리
paddle	노를 젓다, (n.) 노, (탁구) 라켓, 회초리	pædl	**패**들
characteristic	특징, 특성, (adj.) 특유의	kærəktəristik	캐뤅터**뤼**스틱

Korea — the Pacific

ridicule	비웃다, (n.) 조롱, 조소	ridikju:l	**뤼**디큐을
degree	학위, (온도 단위인) 도, 정도	digri:	디그**뤼**
pitfall	장애, 생각치 못한 위험	pitfɔ:l	**피**트뽀올
detour	우회, 우회로	di:tur	**디**투어
deter	단념시키다, 막다	ditɜ:(r)	디**터**어

단어	뜻	발음기호	한글발음
specialize	~을 전공하다, 전문적으로 다루다	speʃəlaiz	스**페**셜라이즈
file	(서류를) 정리하다, (서류를) 제출하다	fail	빠일
all around	다재다능한, 전반에 걸친	ɔ:lraund	오올 어**롸**운드
habitual	습관적인, 상습적인	həbitʃuəl	허**비**츄얼
preference	선호, 선호되는 것	prefərəns	프**뤠**뻐뤈쓰

USA

total	총계의, 전부의	toutl	**토**우틀
evacuate	대피시키다, 피난시키다	ivækjueit	이**배**큐에잍
overtake	추월하다, (불쾌한 일이) 불시에 닥치다	ouvərteik	오우버**테**잌
abundance	풍부	əbʌndəns	어**번**던스
elegant	우아한, 고상한	eligənt	**엘**리건트

Chunk set 38 ▸▸

단어	뜻	발음기호	한글발음
relevant	관련 있는, 적절한	reləvənt	**렐**러번트
surpass	~을 능가하다, 넘어서다	sərpæs	써**패**쓰
elaborate	상세하게 설명하다	ilæbərət	일**래**버뤋
suppose	추측하다, 가정하다	səpouz	써**포**우즈
fairly	상당히, 꽤	ferli	**뻬**얼리

단어	뜻	발음기호	한글발음
choreography	안무, 무용술	kɔ:ria:grəfi	코오뤼**아**그러삐
subsidize	~에 보조금을 지급하다	sʌbsidaiz	**썹**씨다이즈
influence	~에 영향을 주다, (n.) 영향	influəns	**인**쁠루언쓰
secure	획득하다, 안전하게 하다	səkjur	씨**큐**어
exotic	이국적인, 매혹적인	igza:tik	이그**자**아틱

단어	뜻	발음기호	한글발음
extravagant	낭비벽이 있는, 사치스러운, 화려한, 과장된	ikstrævəgənt	익스트**뤠**버건트
disperse	해산시키다, 분산시키다	dispɜːrs	디스**퍼**어스
down payment	계약금, 착수금	daun peimənt	다운 **페**이먼트
in terms of	~의 관점에서	in tɜːrmz ʌv	인 터엄즈 어브
drive	(차 등을) 운전하다, 조종하다	draiv	드롸이브

USA

courteous	예의 바른, 정중한	kɜːrtiəs	**커**어티어스
municipality	지방자치단체	mjuːnisipæləti	뮤니씨**팰**러티
assent	찬성하다, 승인하다	əsent	어**쎈**트
average	평균치, 평균	ævəridʒ	**애**버뤼지
prosperous	번영하는, 번창한	praːspərəs	프**롸**스퍼뤄스

Chunk set 39 ▸▸

단어	뜻	발음기호	한글발음
volatile	불안정한, 휘발성의	va:lətl	**바**알러틀
arrangement	준비, 합의, 배치, 편곡	əreindʒmənt	어**뤠**인쥐먼트
conference	회의, 회담	ka:nfərəns	**칸**뻐뤈쓰
disapproval	불허, 반대	disəpru:vl	디써프**루**우블
district	지역, 선거구	distrikt	**디**스트뤽트

Korea　　　　the Pacific

단어	뜻	발음기호	한글발음
term	조건, 임기, 용어, (수학) 항	tɜ:rm	**터**엄
indigenous	토종의, 원산의	indidʒənəs	인**디**줘너쓰
excited	신이 난, 흥분한	iksaitid	익**싸**이티드
eliminate	제거하다, (시합 등에서) 탈락시키다, (적을) 제거하다	ilimineit	일**리**미네잍
aptitude	재능, 소질	æptitu:d	**앺**티튜드

단어	뜻	발음기호	한글발음
apartment complex	아파트 단지	əpa:rtmənt kəmpleks	어**파**트먼트 컴플**렉**스
expect	예상하다, 기대하다	ikspekt	익스**펙**트
unanimous	만장일치의, 전원일치의	junænimәs	유**내**니머쓰
option	선택권, 선택 과목	a:pʃn	**오**옵션
effective	효과적인, (법률 등이) 시행되는	ifektiv	이**뻭**티브

USA

provider	공급자, 제공자	prəvaidə(r)	프뤄**바**이더
habit	습관, 버릇	hæbit	**해**빝
confident	자신 있는, 확신하는	ka:nfidənt	**칸**삐던트
interim	임시의, 과도기의	intərim	**인**터륌
check in	체크인하다, 숙박 수속을 하다	tʃek in	첵 인

Chunk set 40 ▸▸

단어	뜻	발음기호	한글발음
deteriorate	악화되다, 악화시키다	ditiriəreit	디**티**뤼어뤠잍
soar	(물가 등이) 폭등하다, 날아오르다, (높은 건물/산 따위가) 우뚝 솟아 있다	sɔ:(r)	쏘오
impression	인상, 감명, 인물화, 자국	impreʃn	임프**뤠**션
focus	집중시키다, 집중하다	foukəs	**뽀**우커스
recommend	권고하다, 추천하다	rekəmend	뤠커**멘**드

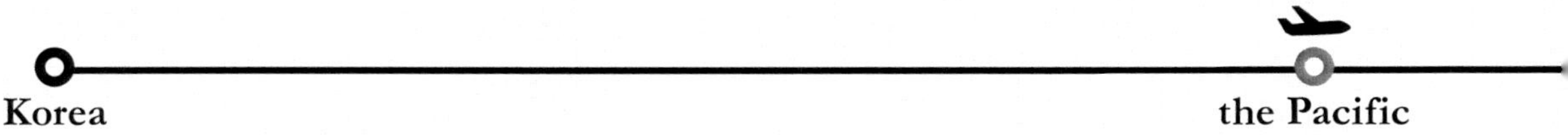

schedule	~을 예정하다, (n.) 일정, 스케줄	skedʒu:l	스**케**쥬을
frequently	자주, 흔히	fri:kwəntli	쁘**뤼**퀀틀리
totally	완전히, 전적으로	toutəli	**토**우털리
pertain	~와 관련되다, 존재하다	pərtein	퍼**테**인
analyst	분석가	ænəlist	**애**널리스트

단어	뜻	발음기호	한글발음
attitude	태도, 마음가짐	ætitu:d	**애**티튜드
resource	자원, 자료	ri:sɔ:rs	뤼**쏘**오쓰
retail	소매, (v.) 소매하다, (특정가격에) 팔리다, (adj.) 소매의	ri:teil	**뤼**테일
permanently	영구적으로, 불변으로	pə:rmənəntli	**퍼**머넌틀리
limited	제한된, 한정된	limitid	**리**미티드

USA

attorney	변호사, (사업/법률적 문제의) 대리인	ətɜ:rni	어**터**니
calculus	미적분학, 치석	kælkjələs	**캘**커러스
investigation	조사, 수사	investigeiʃn	인베스티**게**이션
loan	대출, 대출금	loun	로운
active	적극적인, 활발한	æktiv	**액**티브

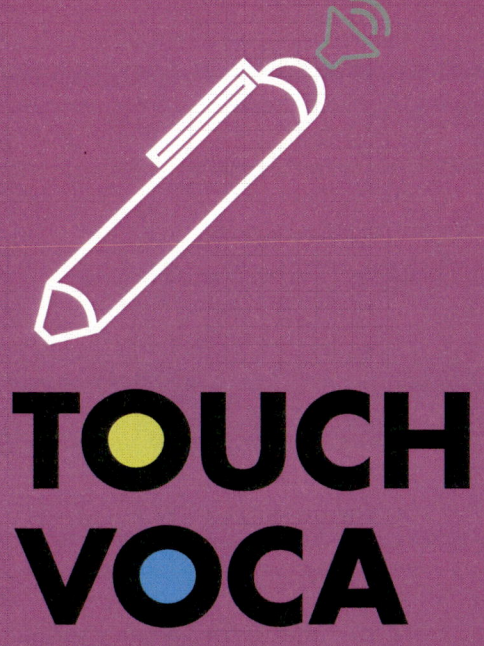

TOUCH VOCA

Chunk set 1 - 20

Chunk set 21 - 40

Chunk set 41 - 60

Chunk set 61 - 86

Chunk set 41 ▸▸

단어	뜻	발음기호	한글발음
deficient	부족한, 불충분한	difiʃnt	디**삐**션트
preferred	선호되는, 우선의	prifə:rd	프뤼**뻐**어드
tour	(공장 등의) 견학, 짧은 여행	tur	투어
spacious	(공간이) 넓은	speiʃəs	스**페**이셔쓰
enclose	~을 동봉하다, ~을 둘러싸다	inklouz	인클**로**우즈

Korea

puddle	(비 온 뒤의) 웅덩이	pʌdl	**퍼**들
damage	피해, 손해, (v.) 손상시키다	dæmidʒ	**대**미쥐
wane	감소, 감퇴, (v.) 약해지다, 줄어들다	wein	웨인
undergo	겪다	ʌndərgou	언더**고**우
book	예약하다, (n.) 예약, 책	buk	북

단어	뜻	발음기호	한글발음
reflective	반영하는, 빛을 반사하는, 사색적인	riflektiv	뤼쁠**렉**티브
merge	합병하다, 병합하다	mɜ:rdʒ	머어쥐
serve	근무하다, 일하다, (테니스 등에서) 서브를 넣다	sɜ:rv	써어브
enlightening	가르침을 주는, 계몽적인, 깨우치는	inlaitəniŋ	인**라**이터닝
barring	~이 없다면, ~을 제외하고	ba:riŋ	**바**아륑

Hawaii USA

identify	알아보다, 확인하다	aidentifai	아이**덴**티빠이
steadily	꾸준히, 착실하게, 끊임없이	stedili	스**테**딜리
coincide	일치하다, 동시에 일어나다	kouinsaid	코우인**싸**이드
aviation	비행, 항공, 비행술	eivieiʃn	에이비**에**이션
international	국제적인, (n.) (두 국가 사이의 스포츠) 시합, 외국인	intərnæʃnəl	인터**내**셔널

Chunk set 42 ▸▸

단어	뜻	발음기호	한글발음
closely	면밀히, 엄밀히	klousli	클**로**우슬리
malfunction	오작동, 기능불량	mælfʌŋkʃn	맬**뻥**션
typically	보통, 일반적으로	tipikli	**티**피클리
incidental	부수적인, (n.) 부차적인 일	insidentl	인씨**덴**틀
stability	안정, 안정성	stəbiləti	스터**빌**러티

Korea

amphibian	양서류의, 수륙 양용의	æmfibiən	앰**삐**비언
desire	욕망, (v.) 바라다	dizaiə(r)	디**자**이어
endowment	기증, 기부	indaumənt	인**다**우먼트
confidential	기밀의, 내밀한	ka:nfidenʃl	칸삐**덴**셜
act	법령, 행동, (v.) 행동하다	ækt	액트

단어	뜻	발음기호	한글발음
surplus	잉여, 흑자	sɜ:rpləs	써어플러쓰
dispute	분쟁, 논쟁, (v.) 반박하다, 이의를 제기하다	dispju:t	디스퓨웉
inhalation	흡입, 흡입제	inhəleiʃən	인허레이션
capacity	용량, 능력, 지위	kəpæsəti	커패써티
effort	노력, 수고	efərt	에뻐트

Hawaii USA

professional	전문적인, 직업의, (n.) 전문가	prəfeʃənl	프러뻬셔늘
dwindle	줄어들다, 감소되다	dwindl	드윈들
unprecedented	전례 없는, 미증유의	ʌnpresidentid	언프뤠시덴티드
eloquent	설득력 있는, 웅변력 있는	eləkwənt	엘러퀀트
disturb	방해하다, 불안하게 만들다	distɜ:rb	디스터어브

Chunk set 43 ▸▸

단어	뜻	발음기호	한글발음
stipulation	계약조건, 조항, 약정, 계약	stipjuleiʃən	스티퓰**레**이션
renewal	재개발, 재개, 갱신, 연장	rinu:əl	뤼**뉴**얼
detect	간파하다, 탐지하다	ditekt	디**텍**트
fill	~을 채우다, 기입하다	fil	삐을
cost	비용, 노력, (v.) (값/비용 등이) 들다(cost-cost-cost)	kɔ:st	코오스트

Korea

competent	유능한, 능숙한	ka:mpitənt	**캄**피턴트
transmit	전염시키다, 전송하다	trænsmit	트뤤스**밑**
decline	하락, (v.) (초대 등을) 거절하다	diklain	디클**라**인
boast	자랑하다, (n.) 뽐냄, 자랑	boust	보우스트
delegate	(권한 등을) 위임하다, (n.) 대표	deligeit / (n.) deligət	**델**리게잍 / (n.) **델**리걸

단어	뜻	발음기호	한글발음
architect	건축가, (사상/행사 등의) 설계자	a:rkitekt	**아**키텍트
understanding	이해심 있는, (n.) 이해, 합의, 이해심	ʌndərstændiŋ	언더스**탠**딩
shift	옮기다, (n.) 교대근무	ʃift	쉬쁘트
material	재료, 물질	mətiriəl	머**티**뤼얼
aid	원조, 도움, 보조물, (v.) 돕다	eid	에이드

Hawaii — USA

costly	비용이 많이 드는, 손실이 큰	kɔ:stli	**코**오스틀리
financial	재정의, 금전상의	fainænʃl	빠이**낸**셜
appraisal	평가, 판단	əpreizl	어프**뤠**이즐
reliable	믿을 만한, 신뢰할 수 있는	rilaiəbl	륄**라**이어블
prolong	연장하다, 연장시키다	prəlɔ:ŋ	프러**로**옹

Chunk set 44 ▸▸

단어	뜻	발음기호	한글발음
semiconductor	반도체	semikəndʌktə(r)	쎄미컨**덕**터
sip	(홀짝거리며) 마시다, (n.) 한 모금	sip	씹
evolve	진화하다, 발달하다	iva:lv	이**바**알브
compensate	보상하다, 보상금을 주다	ka:mpenseit	**캄**펜쎄잍
solicit	요청하다, 간청하다	səlisit	썰**리**싵

Korea

devise	고안하다, 궁리하다	divaiz	디**바**이즈
distribute	배포하다, 배급하다	distribju:t	디스트**뤼**뷰웉
component	부품, (구성)요소	kəmpounənt	컴**포**우넌트
pass	지나가다, 통과하다, 건네주다, (n.) 출입증, 합격	pæs	패쓰
adequately	적절히, 충분히	ædikwətli	**애**디쿼틀리

단어	뜻	발음기호	한글발음
productivity	생산성	pra:dʌktivəti	프라덕**티**버티
accomplishment	성과, 업적	əka:mpliʃmənt	어**캄**플리쉬먼트
power	전력, 전기, 힘, (v.) 동력을 공급하다	pauə(r)	**파**우어
advocate	옹호자, 주창자, 대변자, (v.) 변호하다, 옹호하다	ædvəkət / (v.) ædvəkeit	**애**드버컷 / (v.) 애드버**케**잇
spare	아끼다, 할애하다, (adj.) 예비의	sper	스페어

Hawaii — USA

clearance	정리, 허가	klirəns	클**리**뤈쓰
represent	~을 대표하다, 상징하다	reprizent	뤠프뤼**젠**트
deliver	배달하다, (연설을) 하다	dilivə(r)	딜**리**버
assure	보장하다, 안심시키다	əʃur	어**슈**어
rein	억제하다, (n.) 고삐, 통제력	rein	뤠인

Chunk set 45 ▸▸

단어	뜻	발음기호	한글발음
creative	창조적인, 독창적인	krieitiv	크뤼**에**이티브
cleanliness	청결	klenlinəs	클**렌**리너스
opportune	시기가 좋은	a:pərtu:n	오퍼**튜**운
contrast	대조, (v.) 대조하다	kantræst / (v.) kəntræst	**칸**트래스트 / (v.) 컨트**래**스트
remind	~에게 상기시키다, 일깨우다	rimaind	뤼**마**인드

Korea

outlook	전망, 견해	autluk	**아**웉룩
hectic	매우 흥분한, 정신없이 바쁜	hektik	**헥**틱
presently	현재, 곧, 머지않아	prezntli	프**뤠**즌틀리
confide	(비밀을) 털어놓다	kənfaid	컨**빠**이드
majority	대부분, 대다수	mədʒɔ:rəti	머**죠**오뤄티

단어	뜻	발음기호	한글발음
combined	결합된, 합동의	kəmbaind	컴바인드
utter	말하다, (adj.) (강조의 의미로) 완전한	ʌtə(r)	어터
forbid	금지하다(forbid-forbade-forbidden)	fərbid	뻐비드
unable	~할 수 없는	ʌneibl	어네이블
quota	할당량, 할당	kwoutə	쿠오우터

Hawaii — USA

recipient	수신자, 수령인	risipiənt	뤼씨피언트
popular	인기있는, 대중적인, 일반적인	pa:pjələ(r)	파아펄러
officially	공식적으로, 정식으로	əfiʃəli	어삐셜리
customs	세관, 관세	kʌstəmz	커스텀즈
live	(라디오, TV 등이) 생방송인, 살아있는, (adv.) 생방송으로	laiv	라이브

Chunk set 46 ▸▸

단어	뜻	발음기호	한글발음
isolation	고립, 고독	aisəleiʃn	아이설**레**이션
reprimand	징계, (v.) 꾸짖다	reprimænd	**뤠**프뤼맨드
halt	중단, 정지, (v.) 멈추다, 중단시키다	hɔ:lt	호올트
stock	재고, 주식, (v.) 채우다	sta:k	스타악
observe	관찰하다, (규칙을) 지키다	əbzɜ:rv	어브**저**브

Korea

acknowledge	인정하다, 감사하다	əkna:lidʒ	억**날**리쥐
responsible	책임이 있는, 책임져야 할	rispa:nsəbl	뤼스**파**안써블
attendee	참석자, 출석자	ətendi:	어텐**디**이
subject	~의 영향을 받기 쉬운, (n.) 주제, 피실험자	sʌbdʒikt	**서**브쥑트
whole	전체의, 온전한	houl	호울

단어	뜻	발음기호	한글발음
outstanding	우수한, (부채 등이) 미지불된	autstændiŋ	아웃스**탠**딩
auction	경매, (v.) 경매로 팔다	ɔ:kʃn	**옥**션
illustrate	(그림으로) 설명하다, 실증하다	iləstreit	**일**러스트뤠잍
disregard	무시하다, 소홀히 하다	disriga:rd	디스뤼**가**아드
reschedule	일정을 바꾸다	ri:skedʒu:l	뤼스**케**쥬을

Hawaii — USA

faction	파벌, 파벌 싸움	fækʃn	**빽**션
relieve	경감하다, 완화하다	rili:v	륄**리**이브
direction	방향, 지시, 감독	dərekʃn	디**뤡**션
feat	위업, 공적	fi:t	**삐**잍
arrange	배열하다, 정돈하다	əreindʒ	어**뤠**인쥐

Chunk set 47 ▸▸

단어	뜻	발음기호	한글발음
access	접근, (v.) ~에 접근하다	ækses	액세스
various	여러 가지의, 각양각색의	veriəs	베뤼어스
prominent	눈에 잘 띄는, 두드러진	pra:minənt	프롸미넌트
accurate	정확한, 정밀한	ækjərət	애켜럳
permission	허락, 허가, 승인	pərmiʃn	퍼미션

Korea

payroll	임금대장, 급료명부	peiroul	페이로울
abortion	낙태, 유산	əbɔ:rʃn	어보션
extended	(기간을) 연장한	ikstendid	익스텐디드
foresee	예견하다, 예감하다	fɔ:rsi:	뽀오씨이
monitor	감독하다, 감시하다, 실행하다, (n.) 모니터, 감시 장치	ma:nitə(r)	마아니터

단어	뜻	발음기호	한글발음
edge	가장자리, 우위, (v.) 조금씩 움직이다, 테두리를 두르다	edʒ	에쥐
foster	촉진하다, 육성하다	fɔ:stə(r)	**뽀**오쓰터
acquisition	인수, 습득, 구입한 것	ækwiziʃn	애퀴**지**션
check	검사하다, 조사하다, (n.) 확인, 조사	tʃek	췍
real estate	부동산	ri:əl esteit	뤼얼 에스테잍

Hawaii

USA

agreement	계약, 합의	əgri:mənt	어그**뤼**먼트
revision	수정, 개정	riviʒn	뤼**비**젼
sabotage	사보타주, 파괴행위	sæbəta:ʒ	**쌔**버타아쥐
concentrate	집중하다, 집중시키다	ka:nsntreit	**칸**쓴트뤠잍
package	소포, 꾸러미	pækidʒ	**패**키쥐

Chunk set 48 ▸▸

단어	뜻	발음기호	한글발음
collection	수집물, 수금	kəlekʃn	컬**렉**션
replace	~을 교체하다, 대체하다	ripleis	뤼플**레**이쓰
cover	포함하다, 덮다	kʌvə(r)	**커**버
satisfaction	만족, 충족, (불만/부채/부상 등에 대한) 배상	sætisfækʃn	쌔티쓰**빽**션
reluctantly	마지못해, 싫어하며	rilʌktəntli	리**럭**턴틀리

Korea

succinct	간결한, 간단명료한	səksiŋkt	썩**씽**크트
shimmer	희미하게 빛나다, (n.) (일렁이는 듯한) 희미한 빛	ʃimə(r)	**쉬**머
clear	분명한, (날씨가) 맑은	klir	클**리**어
shareholder	주주	ʃerhouldə(r)	**쉐**어호울더
local	지방의, 현지의	loukl	**로**우클

단어	뜻	발음기호	한글발음
simultaneously	동시에, 일제히	simәlteiniәsli	씨멀**테**이니어슬리
entryway	통로	entriwei	엔트뤼**웨**이
electronically	온라인상으로, 전자(공학)적으로, 컴퓨터로	ilektrɒnikli	일렉트**롸**니클리
ingredient	재료, 성분	ingri:diәnt	인그**뤼**디언트
promptly	즉시, 정확히 제 시간에	pra:mptli	프**롸**프틀리

Hawaii USA

diversify	다양화하다, 다각화하다	divɜ:rsifai	디**버**시빠이
conflict	대립, 투쟁, 싸움, (v.) 충돌하다	kanflikt / (v.) kәnflikt	**칸**쁠릭트 / (v.) 컨쁠**릭**트
incur	초래하다, 발생시키다	inkɜ:(r)	인**커**어
as to	~에 관하여	әz tu	애즈 투
eligible	자격이 있는, 적격의	elidʒәbl	**엘**리줘블

Chunk set 49 ▸▸

단어	뜻	발음기호	한글발음
complication	복잡한 문제	ka:mplikeiʃn	캄플리**케**이션
cautious	조심성 있는, 신중한	kɔ:ʃəs	**코**오셔쓰
commemorate	(중요 인물/사건을) 기념하다	kəmeməreit	커**메**머뤠잍
process	과정, (v.) 처리하다	pra:ses	프**롸**아쎄쓰
strictly	엄격히, 절대적으로, 오로지	striktli	스트**뤽**틀리

Korea

meet	(요구 등을) 만족시키다, 만나다	mi:t	미잍
affix	붙이다, 첨부하다, (n.) 접사(접두사/접미사 등)	əfiks	어**삑**스
perishable	썩기 쉬운, 잘 상하는	periʃəbl	**페**뤼셔블
commensurate	비례한, 어울리는	kəmenʃərət	커**멘**셔뤝
carrier	항공사, 수송기, 수송 회사	kæriə(r)	**캐**뤼어

단어	뜻	발음기호	한글발음
adaptable	융통성 있는, 적응성 있는	ədæptəbl	어**댑**터블
consolidate	통합하다, 강화하다	kənsa:lideit	컨**쌀**리데잍
relatively	상대적으로, 비교적	relətivli	**렐**러티블리
summary	요약, 개요, (adj.) 간략한	sʌməri	**써**머뤼
stance	입장, 태도	stæns	스**탠**쓰

Hawaii USA

precipitation	강수량, 침전	prisipiteiʃn	프뤼씨피**테**이션
successfully	성공적으로, 운 좋게	səksesfəli	썩**쎄**쓰뻘리
prepare	준비하다, 채비를 갖추다	priper	프뤼**페**어
proceed	(일 등을) 진행하다, 진척되다	prousi:d	프로우**씨**이드
deprivation	박탈, 상실	depriveiʃn	데프뤼**베**이션

Chunk set 50 ▸▸

단어	뜻	발음기호	한글발음
ban	금지, (v.) 금지하다	bæn	밴
preside	(회의의) 사회를 보다, ~의 의장을 맡아보다	prizaid	프뤼**자**이드
ability	능력, 재능, 기량	əbiləti	어**빌**러티
dispose	처분하다, 처리하다	dispouz	디스**포**우즈
sleek	매끈한, 세련된	sli:k	슬리잌

Korea

give a toast	축배를 들다	giv ə təust	기브 어 토우스트
adamantly	확고하게, 단호하게	ædəməntli	**애**더먼틀리
careful	조심스러운, 주의 깊은	kerfl	**케**어뻘
regime	정권, 체제	reʒi:m	뤠**지**임
tuition	수업료, 수업, 교습(개인/소규모 집단을 대상으로 한 것)	tuiʃn	투**이**션

단어	뜻	발음기호	한글발음
incompetent	무능한, (n.) 무능력자	inka:mpitənt	인**캄**피턴트
inaccurate	부정확한, 오류가 있는	inækjərət	인**애**큐뤝
reservation	예약, 보호구역	rezərveiʃn	뤠저**베**이션
directly	곧바로, 즉시, 똑바로	dərektli	디**렉**틀리
cruise	순항하다, 돌아다니다, (n.) 유람선	kru:z	크루즈

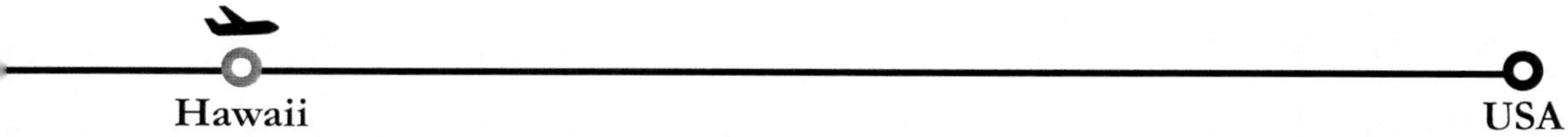

director	임원, 책임자	dərektə(r)	디**렉**터
commitment	헌신, 전념	kəmitmənt	커**밑**먼트
asset	자산, 재산	æset	**애**셑
damaged	손상된, 손해를 입은	dæmidʒd	**대**미쥐드
intention	의도, 목적	intenʃn	인**텐**션

Chunk set 51 ▸▸

단어	뜻	발음기호	한글발음
move	움직이다, 감동시키다, (n.) 이사	mu:v	무우브
supply	공급하다, (n.) 공급, 소모품(복수형)	səplai	써플**라**이
premium	보험료, (adj.) 고급의	pri:miəm	프**뤼**이미엄
trivia	사소한 일, (퀴즈 등에서 테스트되는) 일반상식	triviə	트**뤼**비어
rung	(사다리의) 가로대, 단계	rʌŋ	렁

Korea

abide	머무르다, 살다	əbaid	어**바**이드
prevent	~을 막다, ~을 예방하다	privent	프뤼**벤**트
objective	목표, 목적, (adj.) 객관적인	əbdʒektiv	어브**젝**티브
congratulate	축하하다, 기뻐하다	kəngrætʃuleit	컨그**뤠**츄레잍
accomplish	성취하다, 완수하다	əka:mpliʃ	어**캄**플리쉬

단어	뜻	발음기호	한글발음
vulnerable	취약한, 연약한	vʌlnərəbl	**벌**너뤄블
maintain	유지하다, 관리하다	meintein	메인**테**인
quote	견적을 내다, 인용하다, (n.) 견적액	kwout	쿠오웉
congestion	교통체증, 혼잡	kəndʒestʃən	컨**줴**스춴
withstand	견디다, 이겨내다	wiðstænd	위드스**탠**드

Hawaii USA

related	관련된, 친척의	rileitid	뤼**레**이티드
whopper	엄청 큰 것, 거짓말	wa:pə(r)	**와**아퍼
comparable	필적하는, 비교되는	ka:mpərəbl	**캄**퍼뤄블
conjunction	연합, 공동	kəndʒʌŋkʃn	컨**줭**션
be reluctant to	~하기를 꺼리다	bi rilʌktənt tu	비 뤼**럭**턴트 투

Chunk set 52 ▸▸

단어	뜻	발음기호	한글발음
persistence	고집, 끈덕짐	pərsistəns	퍼**씨**스턴스
price	가격, 물가, 대가, (v.) 가격을 매기다	prais	프라이스
function	행사, 연회, 기능, (v.) 기능하다	fʌŋkʃn	뻥션
processing	가공, 처리	pra:ses:iŋ	프**롸**아쎄씽
inspect	조사하다, 면밀하게 살피다	inspekt	인스**펙**트

Korea

단어	뜻	발음기호	한글발음
designate	지명하다, 지정하다	dezigneit	**데**지그네잍
reference	추천서, 참고	refrəns	**뤠**뻐뤈쓰
gap	격차, 틈	gæp	갶
testify	증언하다, 증명하다	testifai	**테**스티빠이
poised	준비가 된, 침착한	pɔizd	포이즈드

단어	뜻	발음기호	한글발음
contend	주장하다, 싸우다, 논쟁하다	kəntend	컨**텐**드
pending	미결정의, 현안의, 임박한	pendıŋ	**펜**딩
inadequate	부적절한, 불충분한	inædikwət	인**애**디퀄
engrave	(나무/돌/쇠붙이 등에) 새기다	ingreiv	인그**뤠**이브
steady	안정된, 꾸준한	stedi	스**테**디

Hawaii — USA

necessary	필요한, 필연적인	nesəserəli	네써**쎄뤌**리
craft	공예품, 공예, 기술, 술책, (v.) 공예품을 만들다	kræft	크**뤠**쁘트
requirement	필요조건, 요건	rikwaiərmənt	뤼**콰**이어먼트
arbitration	중재	a:rbitreiʃn	아비트**뤠**이션
differ	의견을 달리하다, 다르다	difə(r)	**디**뻐

Chunk set 53 ▸▸

단어	뜻	발음기호	한글발음
uphold	유지하다, 지키다	ʌphould	엎**호**울드
experienced	경험이 있는, 노련한	ikspiriənst	익쓰**피**뤼언쓰트
appreciation	감사, 감상, 공감, 평가	əpri:ʃieiʃn	어프뤼쉬**에**이션
bewilder	당황하게 하다, 혼란스럽게 하다	biwildə(r)	비**윌**더
solution	해결책, 해답, 용액, 용해	səlu:ʃn	써**루**우션

Korea

terminate	끝내다, 종결시키다	tɜ:rmineit	**터**어미네잍
dealership	상품 판매 자격, 대리점	di:lərʃip	**디**을러슆
means	수단, 방법	mi:nz	미인즈
last	지속되다, (adj.) 마지막의, 가장 최근의, (adv.) 마지막에, 가장 최근에	læst	**래**스트
sale	판매, 매출액(복수형)	seil	쎄일

단어	뜻	발음기호	한글발음
implement	이행하다, 실행하다	impliment	**임**플리멘트
appear	나타나다, 출현하다	əpir	어**피**어
a lighthouse keeper	등대지기	ə laithaus ki:pə(r)	어 라잍하우스 키퍼
artwork	삽화, 공예품	a:rtwɜ:rk	**아**트웕
thoroughly	철저하게, 완전히, 대단히	θɜ:rəli	**써**어뤌리

Hawaii

USA

reliability	신뢰도, 믿음직함	rilaiəbiləti	륄라어**빌**러티
standard	기준, 표준, (adj.) 일반적인, 표준의	stændərd	스**탠**더드
utilize	활용하다, 이용하다	ju:təlaiz	**유**우털라이즈
considerably	상당히, 많이	kənsidərəbli	컨**씨**더뤄블리
informed	정보에 근거한, (특정 주제/상황에 대해) 잘 아는	infɔ:rmd	인**뽀**옴드

Chunk set 54 ▸▸

단어	뜻	발음기호	한글발음
repulse	(공격을) 물리치다, 혐오감을 주다, (도움/호의 등을) 거부하다	ripʌls	뤼**펄**쓰
lead	이끌다, (어떤 결과에) 이르다	li:d	리이드
dispatch	신속함, 급보, 발송, (v.) 파견하다, 신속히 처리하다	dispætʃ	디스**패취**
give in	굴복하다, 양보하다	giv in	기브 인
grate	갈다, 비비다, 문지르다, (n.) 벽난로	greit	그뤠잍

Korea

railway	철도, 철길	reilwei	**뤠**일웨이
plunge	급락하다, 감소하다, (n.) 낙하	plʌndʒ	플런쥐
upcoming	곧 있을, 다가오는	ʌpkʌmiŋ	**엎**커밍
proceeds	(판매/행사 등을 하여 받은) 수익금	prousi:dz	프**로**우씨이즈
address	주소, (v.) 연설하다	ædres / (v.) ədres	**애**드레스 / (v.) 어드**뤠스**

단어	뜻	발음기호	한글발음
exceed	~을 초과하다, ~을 넘어서다	iksi:d	익**씨**이드
consign	위탁하다, (좋지 않은 상황에) 처하게 만들다	kənsain	컨**싸**인
payment	지불(금액), 보답	peimənt	**페**이먼트
superintendent	(어떤 일/장소 등의) 관리자, (미국) 경찰서장, (영국 경찰의) 경정	su:pərintendənt	수퍼인**텐**던트
irrigation	관개(물을 끌어들임)	irəgeiʃən	이뤄**게**이션

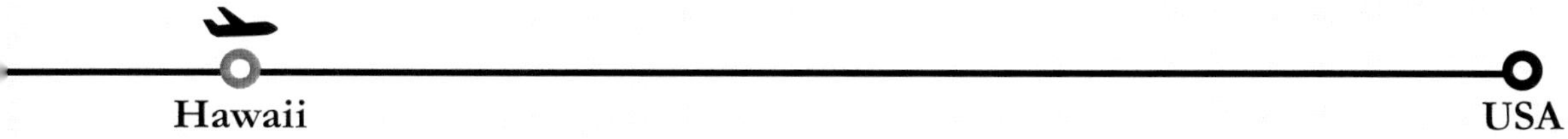

censorship	검열	sensərʃip	**쎈**서쉽
retire	퇴직하다, 은퇴하다	ritaiə(r)	뤼**타**이어
usher	안내인, 수위	ʌʃə(r)	**어**쉬
anniversary	기념일	ænivɜ:rsəri	애니**버**서뤼
economize	절약하다, 아끼다	ika:nəmaiz	이**카**너마이즈

Chunk set 55 ▸▸

단어	뜻	발음기호	한글발음
waste	쓰레기, 폐기물	weist	웨이스트
allowance	허용치, 참작	əlauəns	얼라우언스
rectify	고치다, 바로잡다	rektifai	렉티빠이
refute	반박하다, 부인하다	rifju:t	뤼쀼읕
shorten	단축하다, 짧게 하다	ʃɔ:rtn	쇼오튼

Korea

scenic	경치가 좋은, (연극에서) 무대 장치의	si:nik	씨이닠
retain	보유하다, 유지하다	ritein	뤼테인
garner	얻다, 모으다	ga:rnə(r)	가아너
subtract	공제하다, 빼다	səbtrækt	썹트뤸트
exquisite	정교한, 예리한, 강렬한	ikskwizit	읶스퀴짙

단어	뜻	발음기호	한글발음
annex	별관, 증축 건물	əneks	어넥쓰
concerned	걱정하는, 관련된	kənsɜːrnd	컨써언드
equip	갖추다, 설비하다	ikwip	이큅
biweekly	격주의, (n.) 격주 간행물	baiwiːkli	바이위클리
caution	주의, 조심, (v.) ~에게 경고하다	kɔːʃn	코오션

Hawaii USA

dependable	신뢰할 수 있는	dipendəbl	디펜더블
brief	~에게 간단히 설명하다	briːf	브뤼쁘
attention	주의, 경청	ətenʃn	어텐션
deterrence	제지, 억제, 방해물	ditəːrəns	디터어뤈쓰
transaction	거래, 처리	trænzækʃn	트뤤즈액션

Chunk set 56 ▸▸

단어	뜻	발음기호	한글발음
indication	징후, 조짐	indikeiʃn	인디**케**이션
competition	경쟁, 대회, 경쟁자	ka:mpətiʃn	캄퍼**티**션
require	요구하다, 필요하다	rikwaiə(r)	뤼**콰**이어
lax	(행동 등이) 느슨한, 규율에 못 미치는	laks	랙스
payable	지불해야 하는, (수표 등이) ~를 수취인으로 하는	peiəbl	**페**이어블

Korea

inexperienced	경험 없는, 미숙한	inikspiriəns	인익스**피**뤼언쓰
comply	(법/명령 등을) 준수하다, 따르다	kəmplai	컴플**라**이
hutch	(동물을 가두는) 우리, 상자	hʌtʃ	허취
delve	파다, 탐구하다	delv	델브
complimentary	무료의, 우대의, 칭찬하는	ka:mplimentri	캄플리**멘**트뤼

단어	뜻	발음기호	한글발음
commence	시작되다, 시작하다	kəmens	커멘쓰
succeed	성공하다, 뒤를 잇다	səksi:d	썩씨이드
refund	환불, 환불금, (v.) 환불하다	ri:fʌnd	리뻔드 / (v.) 리뻔드
accountant	회계사, 회계원	əkauntənt	어카운턴트
fatigue	피로, (군인의) 작업복(복수형), (군인들에게 벌로 하게 하는) 잡역(복수형)	fəti:g	뻐티이그

Hawaii → USA

entire	전체의	intaiə(r)	인타이어
employer	고용주	implɔiə(r)	임플로이어
intensively	집중적으로, 강하게, 철저하게	intensiv	인텐시브
pick up	(사람 등을) 도중에 태우다	pik ʌp	픽 엎
security	보안, 안전, 보호	səkjurəti	씨큐뤄티

Chunk set 57 ▸▸

단어	뜻	발음기호	한글발음
contestant	경쟁자, 논쟁자, 경기자	kəntestənt	컨**테**스턴트
sample	견본, (v.) 표본 조사를 하다, 시식하다	sæmpl	**쌤**플
wage	임금, 급료, (v.) (전쟁/전투 등을) 벌이다	weidʒ	**웨**이쥐
takeover	인수인계, 탈취	teikouvə(r)	**테**잌오우버
vicinity	(~의) 부근	vəsınəti	버**씨**너티

Korea

diverge	(의견이) 나눠지다, (다른 방향으로) 갈라지다, (예상/계획 등에서) 벗어나다	daivɜ:rdʒ	다이**버**어쥐
outlay	지출, 경비	autlei	**아**웉레이
installment	할부, (전집/연재물 등의) 1회분	instɔ:lmənt	인스**톨**먼트
immaculate	결점이 없는, 순결한, 단색의	imækjələt	이**매**켜럳
suggestion	제안, (특히 좋지 않은 일에 대한) 기미	sədʒestʃən	써**줴**스췬

단어	뜻	발음기호	한글발음
property	재산, 소유물, 부동산, (사물의) 속성	pra:pərti	프**롸**퍼티
convey	(용건을) 전달하다, 실어 나르다, 운반하다	kənvei	컨**베**이
intensify	강화하다, 심해지다	intensifai	인**텐**시빠이
capable	~을 할 수 있는, ~할 능력이 있는	keipəbl	**케**이퍼블
provision	조항, 공급	prəviʒn	프뤄**비**젼

Hawaii USA

compliance	(법의) 준수, (명령 등에) 따름	kəmplaiəns	컴플**라**이언쓰
improvise	(연주 등을) 즉흥적으로 하다	imprəvaiz	**임**프뤄바이즈
intangible	무형의, 뭐라 (꼬집어) 말할 수 없는	intændʒəbl	인**탠**줘블
force	세력, 힘, 무력, (v.) 강제로 ~하게 하다	fɔ:rs	뽀오쓰
marginal	약간의, 변두리의	ma:rdʒinl	**마**아줘늘

Chunk set 58 ▸▸

단어	뜻	발음기호	한글발음
in a timely manner	시의 적절하게	in ə taimli mænə(r)	인 어 **타**임리 **매**너
performance	실적, 공연	pərfɔ:rməns	퍼**뽀**먼쓰
frequent	빈번한, 잦은	fri:kwənt	쁘**뤼**퀀트
outskirt	교외, 변두리	autskə:rt	아웃스**커**어트
literal	글자 그대로의, 직역의, 상상력이 부족한	litərəl	**리**터뤌

Korea

단어	뜻	발음기호	한글발음
momentum	추진력, 탄력, 가속도	moumentəm	모우**멘**텀
account	계산, 계산서, 계좌, 설명, (v.) 설명하다	əkaunt	어**카**운트
cherish	소중히 여기다, (마음속에) 간직하다	tʃeriʃ	**췌**뤼쉬
continental	대륙의, 대륙풍의	ka:ntinentl	칸티**넨**틀
accomplished	숙련된, 노련한	əka:mpliʃt	어**캄**플리쉬트

단어	뜻	발음기호	한글발음
accompany	동행하다, 동반하다	əkʌmpəni	어**컴**퍼니
reception	환영회, 접수처	risepʃn	뤼**쎕**션
drastically	심하게, 과감하게, 철저하게	dræstikəli	드**뤠**스티컬리
limit	한계, 경계, (v.) 한정하다, 제한하다	limit	**리**밑
improvement	향상, 개선	impru:vmənt	임프**루**브먼트

Hawaii USA

leave	휴가, (v.) 떠나다, 남기다	li:v	리이브
respondent	응답자, 피고	rispa:ndənt	뤼스**파**안던트
acceptable	받아들일 수 있는, (사회적으로) 용인되는, 그런대로 괜찮은	əkseptəbl	억**쎕**터블
construction	건설, 건축	kənstrʌkʃn	컨스트**럭**션
ailing	병든, (사업체/정부 등이) 약화된	eiliŋ	**에**일링

Chunk set 59 ▸▸

단어	뜻	발음기호	한글발음
severely	엄격하게, 심하게	səviərli	씨비얼리
crowded	붐비는, 복잡한	kraudid	크롸우디드
edition	(간행물 등의) 판, (시리즈 간행물/방송물의 특정) 호(회)	idiʃn	이디션
slaughter	학살하다, 도살하다, (n.) 도살, 대량 학살	slɔ:tə(r)	슬로오터
donation	기증, 기부	douneiʃn	도우네이션

Korea

unstable	불안정한, 변하기 쉬운	ʌnsteibl	언스테이블
rain check	우천 교환권	rein tʃek	뤠인 첵
rate	요금, 속도, 비율, (v.) 평가하다, 등급을 매기다	reit	뤠잍
confirmation	확인, 확증	ka:nfərmeiʃn	칸뻐메이션
tighly	단단히, 꽉	taitli	타이틀리

단어	뜻	발음기호	한글발음
requisition	요구, 요청	rekwiziʃn	레퀴**지**션
expert	전문가, (adj.) 전문적인	eksp3:rt	**엑**스퍼트
transform	바꾸다, 변모시키다	trænsfɔ:rm	트뢘스**뽀**옴
treasurer	회계원	treʒərə(r)	트**뤠**저뤄
debris	파편, 잔해	dəbri:	더브**뤼**이

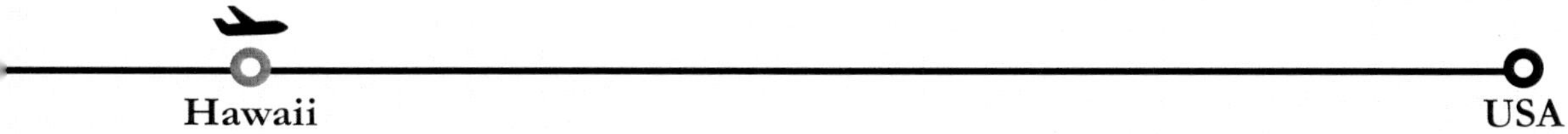

eventually	마침내, 결국	iventʃuəli	이**벤**츄얼리
drop off	하강, 쇠퇴	dra:p ɔ:f	드뢉 오쁘
adhere	고수하다, 지키다	ədhir	어드**히**어
demoralize	사기를 꺾다, 의기소침하게 만들다	dimɔ:rəlaiz	디**모**뤌라이즈
rating	등급, 평가	reitiŋ	**뤠**이팅

Chunk set 60 ▸▸

단어	뜻	발음기호	한글발음
increment	증가, 인상	iŋkrəmənt	**잉**크뤄먼트
regrettably	유감스럽게도, 애석하게도	rigretəblli	뤼그**뤠**터블리
nearly	거의, 대략	nirli	**니**얼리
expansion	확장, 팽창	ikspænʃn	익스**팬**션
contemplate	고려하다, 계획하다, 생각하다	ka:ntəmpleit	**칸**텀플레잍

Korea

rest	쉬다, (n.) 휴식, 나머지	rest	뤠스트
benefit	이익, (v.) 혜택을 보다	benifit	**베**니삗
inaccessible	접근이 불가능한, 이용이 불가능한	inæksesəbl	인앸**쎄**서블
balance	잔고, 차감 잔액, 균형, (v.) 균형을 유지하다	bæləns	**밸**런쓰
invoke	호소하다, (법을) 들먹이다	invouk	인**보**욱

단어	뜻	발음기호	한글발음
production	생산량, 생산	prədʌkʃn	프러**덕**션
misplace	잃어버리다, 위치를 잘못 잡다	mispleis	미스플**레**이쓰
attentive	주의 깊은, 경청하는	ətentiv	어**텐**티브
attach	붙이다, 접착하다	ətætʃ	어**태**취
formal	격식을 갖춘, 공식적인, 형식상의	fɔ:rml	**뽀**오멀

Hawaii USA

distribution	분배, 배급	distribju:ʃn	디스트뤼**뷰**우션
damp	습기가 있는, 축축한, (n.) 축축한 상태, 축축한 곳	dæmp	댐프
author	작가, 저자	ɔ:θə(r)	**오**써
absence	부재, 결근	æbsəns	**앱**선스
tariff barrier	관세 장벽	tærif bæriə(r)	**태**뤼쁘 **배**뤼어

TOUCH VOCA

Chunk set 1 - 20

Chunk set 21 - 40

Chunk set 41 - 60

Chunk set 61 - 86

Chunk set 61 ▸▸

단어	뜻	발음기호	한글발음
narrowly	좁게, 간신히	nærouli	**내**로울리
authority	권한, 당국	əθɔ:rəti	오**쏘**뤄티
unlimited	무제한의, 무한정의	ʌnlimitid	언**리**미티드
interview	면접, (v.) 면접을 보다	intərvju:	**인**터뷰우
particularly	특히, 특별히	pərtikjələrli	퍼**티**켤러리

Korea

meagerly	불충분하게, 빈약하게, 내용이 없이	mi:gə(r)li	**미**이걸리
authorize	~을 인가하다, 권한을 부여하다	ɔ:θəraiz	**오**써롸이즈
constructive	건설적인	kənstrʌktiv	컨스트**럭**티브
undertake	(일을) 떠맡다, 착수하다, 약속하다	ʌndərteik	언더**테**익
envision	(미래의 일 등을) 계획하다, 상상하다	inviʒn	인**비**줜

단어	뜻	발음기호	한글발음
consecutive	연속적인, 연이은	kənsekjətiv	컨**쎄**커티브
issue	(출판물의) 제 ~호, 쟁점, (v.) 발표하다, 발행하다	iʃu	**이**슈
flattery	아첨, 아부	flætəri	쁠**래**터뤼
prefer	~을 더 좋아하다, 선호하다	prifɜ:(r)	프뤼**뻐**어
acclaim	호평, 찬사, (v.) 칭송하다	əkleim	어클**레**임

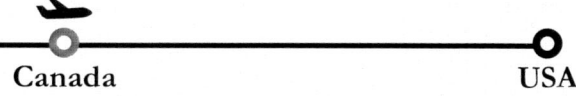

Canada USA

convene	소집하다, 모이다	kənvi:n	컨**비**인
revise	정정하다, 수정하다	rivaiz	뤼**바**이즈
detailed	상세한	di:teild	**디**테일드
inventory	재고품, 재고목록	invəntɔ:ri	**인**벤토뤼
audience	청중, 관중	ɔ:diəns	**오**디언쓰

Chunk set 62 ▸▸

단어	뜻	발음기호	한글발음
develop	개발하다, 성장하다	divelәp	디**벨**렆
sparsely	희박하게, 드문드문	spa:rsli	스**파**아슬리
patent	특허, 특허권, 특허품, (adj.) 특허의	pætnt	**패**튼트
attire	복장, 옷차림새	әtaiә(r)	어**타**이어
presentation	발표, 제출, 증정, 시상식	pri:zenteiʃn	프뤼젠**테**이션

Korea

forecast	(날씨) 예보, (v.) 예측하다, 예보하다	fɔ:rkæst	**뽀**오캐스트
beverage	(물 외의) 음료	bevәridʒ	**베**버뤼쥐
measurement	측정, 치수	meʒәrmәnt	**메**줘먼트
deadline	마감일, 마감 시간	dedlain	**데**드라인
drought	가뭄	draut	드롸웉

단어	뜻	발음기호	한글발음
fragile	깨지기 쉬운, 취약한, 섬세한	frædʒl	쁘**뤠**좌일
trim	(깍아) 다듬다, 삭감하다, (n.) 다듬기, (adj.) 깔끔한	trim	트륌
denounce	비난하다, 반대하다	dinauns	디**나**운쓰
location	장소, 위치	loukeiʃn	로우**케**이션
division	부서, 분할, 나눗셈, 분열, 경계선	diviʒn	디**비**젼
procurement	(정부/기관의 물품) 조달	prəkjurmənt	프러**큐**어먼트
checkup	건강 진단	tʃɛkʌp	**췤**엎
appearance	외관, 외모	əpiərəns	어**피**어뤈쓰
grateful	고마워하는, 감사하는	greitfl	그**뤠**이트쁠
step	단계, 조치	step	스뗍

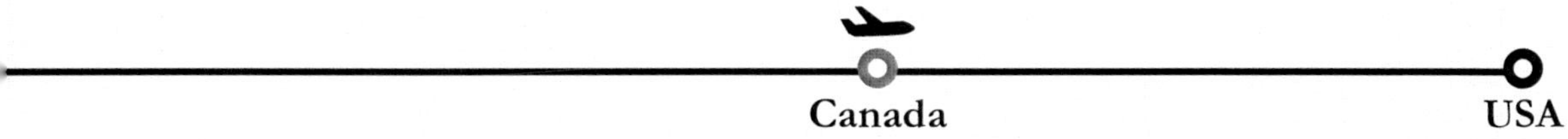

Chunk set 63 ▸▸

단어	뜻	발음기호	한글발음
dismantle	분해하다, 해체하다	dismæntl	디스**맨**틀
bilateral	쌍방의, (두 부분으로 구성된 신체 기관) 양쪽의	bailætərəl	바이**래**터뤌
discrepancy	불일치, 차이	diskrepənsi	디스크**뤠**펀씨
atmosphere	분위기, 환경	ætməsfir	**앨**머스삐어
familiar	익숙한, 친숙한	fəmiliə(r)	뻐**밀**려

Korea

constant	지속적인, 끊임없이 계속하는	ka:nstənt	**칸**스턴트
withdrawal	(예금의) 인출, 철수, 취소, 탈퇴, 기권, (약물 중독 등으로 인한) 금단	wiðdrɔ:əl	위드드**로**오얼
reserve	예약하다, 보존하다	rizɜ:rv	뤼**저**어브
respective	각각의, 각자의	rispektiv	뤼스**펙**티브
exploit	착취하다, (n.) 위업(복수형)	iksplɔit	익스플**로**잍

단어	뜻	발음기호	한글발음
industry	산업, 제조업	indəstri	**인**더스트뤼
dedicated	(목표 등에) 전념하는, 헌신적인	dedikeitid	**데**디케이티드
mingle	섞이다, (사람들과) 어울리다	miŋgl	**밍**글
ledger	회계 장부, (은행/사업체 등에서 거래 내역을 적은) 원장	ledʒə(r)	**레**줘
comparison	비교, 비교함, 비유	kəmpærisn	컴**패**뤼즌

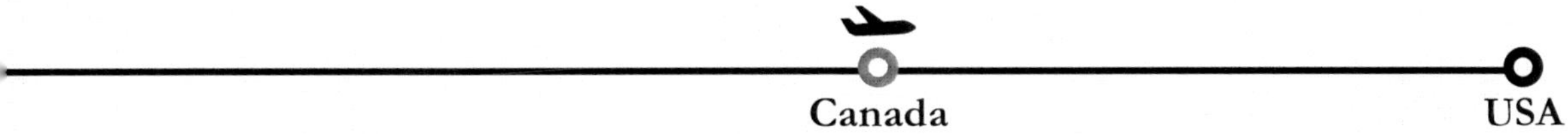

likely	~할 것 같은	laikli	**라**이클리
allegedly	주장하는 바에 따르면, 이른바	əledʒidli	얼**레**쥐들리
concede	(무엇이 옳거나 논리적임을) 인정하다, (마지못해) 내주다	kənsi:d	컨**씨**드
litigation	소송, 고소	litigeiʃn	리티**게**이션
invoice	송장, 청구서	invɔis	**인**보이쓰

Chunk set 64 ▸▸

단어	뜻	발음기호	한글발음
furnished	가구가 비치된	fɜ:rniʃt	**뻐**어니쉬트
somewhat	다소, 얼마간	sʌmwʌt	**썸**홭
infuriate	화나게하다, 격분시키다	infjurieit	인쀼뤼에잍
headquarters	본부, 본사	hedkwɔ:rtərz	**헤**드쿠오터즈
enthusiastically	열광적으로	inθu:ziæstikəli	인쑤우지**애**스티컬리

Korea

phase	단계, (v.) 단계적으로 하다	feiz	뻬이즈
numerically	수적으로	nu:meriklli	뉴우**메**뤼클리
fabrication	제작, 제조	fæbrikeiʃən	빼브뤼**케**이션
broaden	넓히다, 넓어지다	brɔ:dn	브**로**오든
turnover	총 매상고, 거래액, 이직률	tɜ:rnouvə(r)	**터**어언오우버

단어	뜻	발음기호	한글발음
prompt	신속한, (v.) 촉발하다, 유도하다	pra:mpt	프롬프트
itinerary	여행 일정표	aitinəreri	아이티너뤠뤼
pleased	만족해하는, 기쁜	pli:zd	플리이즈드
concern	우려, (v.) ~을 걱정스럽게 하다, 관련되다	kənsɜ:rn	컨써언
rebate	환불, (v.) 리베이트를 주다	ri:beit	뤼베잍

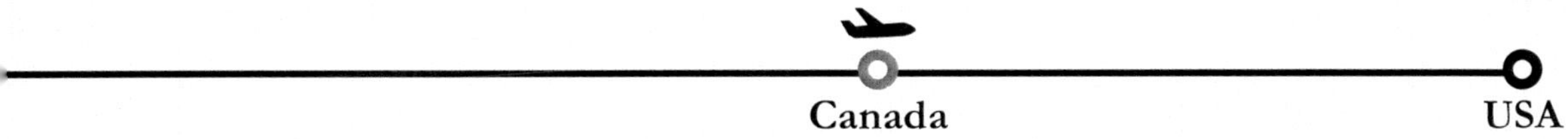

conglomerate	복합 기업, (v.) ~을 둥글게 뭉치다	kəngla:mərət	컨글라머뤝
pervasive	골고루 영향을 미치는	pərveisiv	퍼베이시브
area code	지역 번호, 국번	eriə koud	에리어 코우드
delay	연기하다, ~을 뒤로 미루다, (n.) 지연, 지체	dilei	딜레이
phase out	단계적으로 없애다	feiz-aut	빼이즈 아웉

Chunk set 65 ▸▸

단어	뜻	발음기호	한글발음
select	선발하다, 선택하다	silekt	씰**렉**트
receipt	영수증, 받기, 수령액(복수형)	risi:t	뤼**씨**이트
replacement	교체, 후임자	ripleismənt	뤼플**레**이스먼트
interested	관련 있는, 관심이 있는	intrəstid	**인**트뤠스티드
take it back	취소하다	teik it bæk	**테**익 잍 백

Korea

binge	폭식, 마시고 떠들기	bindʒ	빈쥐
treatment	대우, 처우	tri:tmənt	트**뤼**이트먼트
dignitary	고위 인사, 고관	digniteri	**디**그니테뤼
additional	추가의, 부가적인	ədiʃənl	어**디**셔늘
portfolio	투자 자산 구성, 서류 가방, 작품집, 상품 목록	pɔ:rtfouliou	포오트**뽀**울리오우

단어	뜻	발음기호	한글발음
reward	보상하다, (n.) 보상	riwɔ:rd	뤼**오**오드
enviable	부러운, 선망의 대상이 되는	enviəbl	**엔**비어블
hepatitis	간염	hepətaitis	헤퍼**타**이티스
receptacle	그릇, 저장소	riseptəkl	뤼**쎕**터클
irrelevant	관계가 없는, 무관한	ireləvənt	이**렐**러번트

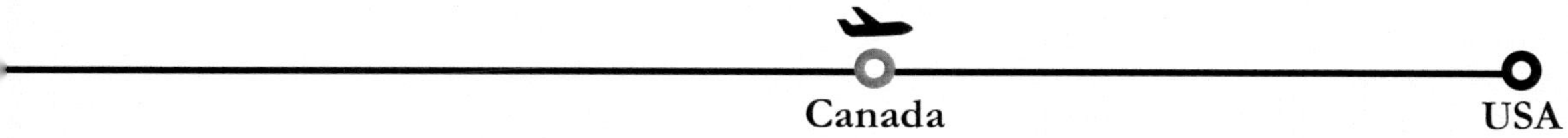

procedure	절차, 수술(의학)	prəsi:dʒə(r)	프뤄**씨**이줘
confidentiality	기밀, 비밀(을 지켜야 하는 상황)	ka:nfidenʃiæləti	칸삐덴쉬**앨**러티
estranged from	~로부터 멀어진	istreindʒd frʌm	이스트**뤠**인쥐드 쁘럼
alumni	동창생들, 졸업생들	əlʌmnai	얼**럼**나이
keep track of	~에 대해 파악하고 있다		키잎 트랙 어브

Chunk set 66 ▸▸

단어	뜻	발음기호	한글발음
associate	관련시키다, (좋지 않은 사람들과) 어울리다	əsousieit	어**쏘**우시에잍
dispensable	없어도 되는, 불필요한	dispensəbl	디스**펜**서블
efficient	(방법 등이) 효과적인, 능률적인	ifiʃnt	이**삐**션트
prior	전의, 먼저의	praiə(r)	프**롸**이어
especially	특히, 특별히, 유난히	ispeʃəli	이스**페**쉴리

Korea

expiration	(임기 등의) 만료, 만기	ekspəreiʃən	엑스퍼**뤠**이션
probable	개연성이 높은, 유망한	pra:bəbl	프**롸**버블
susceptible	~에 감염되기 쉬운, 영향받기 쉬운	səseptəbl	써**쏍**터블
consumption	소비(량), 소모	kənsʌmpʃn	컨**섬**션
aggravate	악화시키다, (일부러) 짜증나게 만들다	ægrəveit	**애**그러베잍

단어	뜻	발음기호	한글발음
compile	(자료 등을) 편집하다, 모으다	kəmpail	컴파일
envelope	봉투, 비닐 봉투	envəloup	엔버로웊
exhibition	전시회, 전시, (기교 등의) 발휘	eksibiʃn	엑시비션
containment	견제, 억제	kənteinmənt	컨테인먼트
colleague	동료	ka:li:g	카알리그

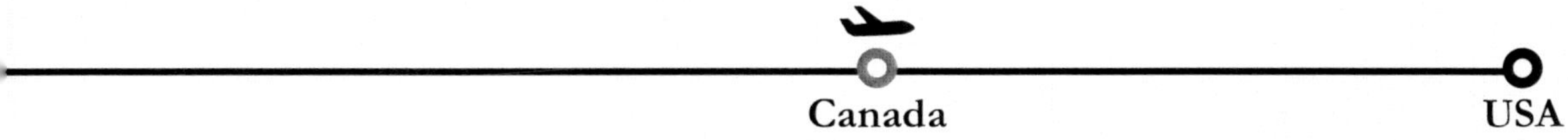

entail	~을 수반하다	inteil	인테일
estimate	추정하다, (n.) 추정(치)	estimət	에스티멑
applaud	칭찬하다, 박수를 치다	əplɔ:d	어플로드
feedback	의견, 반응	fi:dbæk	삐드백
extend	(기간을) 연장하다	ikstend	익스텐드

Chunk set 67 ▸▸

단어	뜻	발음기호	한글발음
fringe benefit	부가혜택	frindʒ benifit	쁘륀쥐 **베**니삘
radically	근본적으로, 원래는, 철저히	rædikəli	**뤠**디컬리
condemn	비난하다, (안전) 부적격 판정을 내리다	kəndem	컨**뎀**
coherent	논리적인, 일관성 있는	kouhirənt	코우**히**뤈트
demand	수요, 요구, (v.) 요구하다	dimænd	디**맨**드

Korea

position	일자리, 직책	pəziʃn	퍼**지**션
repair	수리하다, (n.) 수리	riper	뤼**페**어
shrub	관목	ʃrʌb	쉬뤕
inform	~에게 알리다, 영향을 미치다	infɔ:m	인**뽀**옴
accidentally	뜻하지 않게, 우연히	æksədentəli	액서**덴**털리

단어	뜻	발음기호	한글발음
settle	해결하다, 처리하다	setl	**쎄**틀
devastate	황폐화하다, (사람에게) 엄청난 충격을 주다	devəsteit	**데**버스테잍
critical	중요한, 비판적인	kritikl	크**뤼**티클
spouse	배우자	spaus	스파우쓰
permanent	영구적인, 영속적인	pɜ:rmənənt	**퍼**머넌트

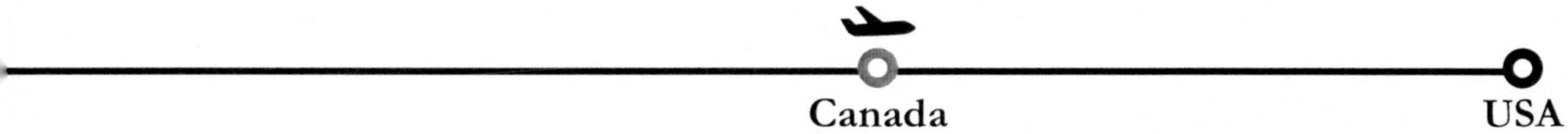

suspicious	의심하는, 의심스러운	səspiʃəs	써스**피**셔쓰
recognize	인식하다, 알아보다	rekəgnaiz	**뤠**커그나이즈
introduce	(신제품 등을) 발표하다, 소개하다	intrədu:s	인트러**듀**스
receive	받다, 수취하다	risi:v	뤼**씨**이브
revenue	수입, 순수익	revənu:	**뤠**버뉴우

Chunk set 68 ▸▸

단어	뜻	발음기호	한글발음
transcribe	베끼다, 옮겨 쓰다	trænskraib	트랜스크**롸**이브
occasionally	가끔, 때때로	əkeiʒnəli	어**케**이줘널리
contractor	계약자, 도급업자	kəntræktə(r)	컨트**랙**터
supplement	보충하다, 메우다	sʌplimənt	**써**플먼트
worth	~의 가치가 있는, (n.) 가치	wɜ:rθ	우어쓰

Korea

intriguing	흥미를 자아내는	intri:giŋ	인트**뤼**이깅
diverse	다양한	daivɜ:rs	다이**버**어스
alter	(성질/모양 등을) 고치다, 바꾸다	ɔ:ltə(r)	**올**터
entitle	자격을 주다, 제목을 붙이다	intaitl	인**타**이틀
method	방식, 방법	meθəd	**메**써드

단어	뜻	발음기호	한글발음
adjust	적응하다, 조정하다	ədʒʌst	어**줘**스트
asthma	천식	æzmə	**애**즈머
denuclearize	비핵화하다	di:nju:kliəraiz	디**뉴**클리어롸이즈
carbohydrate	탄수화물	ka:rbouhaidreit	카아보우**하**이드레잍
insulation	단열재, 절연체	insəleiʃn	인썰**레**이션

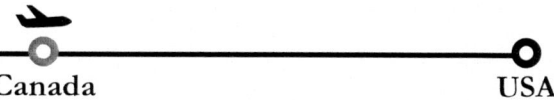

Canada — USA

recommendation	추천사항, 추천	rekəmendeiʃn	뤠커멘**데**이션
deliberation	토의, 숙고	dilibəreiʃn	딜리버**뤠**이션
recovery	회복, 쾌유	rikʌvəri	뤼**커**버뤼
drape	(방 등을 커튼 등으로) 장식하다	dreip	드뤠잎
renowned	저명한, 유명한, 명성이 있는	rinaund	뤼**나**운드

Chunk set 69 ▸▸

단어	뜻	발음기호	한글발음
specification	명세서, 설명서, 사양	spesifikeiʃn	스페시삐**케**이션
responsibility	부담, 책임, 의무	rispa:nsəbiləti	뤼스파안서**빌**러티
renovation	수리, 개조	renəveiʃn	뤠너**베**이션
amount	액수, 양	əmaunt	어**마**운트
directory	명단, 목록, 주소록	dərektəri	디**뤸**터뤼

Korea

divert	우회시키다, 다른 곳으로 돌리다	daivɜ:rt	다이**버**어트
apply	적용하다, 지원하다	əplai	어플**라**이
proprietor	소유자	prəpraiətə(r)	프뤄프**롸**이어터
information	정보, 자료	infərmeiʃn	인뻐**메**이션
bill	~에게 청구서를 보내다, (n.) 청구서	bil	비을

단어	뜻	발음기호	한글발음
reflect	반영하다, 나타내다	riflekt	뤼쁠**렉**트
assist	돕다, 조력하다	əsist	어**씨**스트
monopolize	독점하다, (사람의 관심/시간을) 독차지하다	məna:pəlaiz	머**나**펄라이즈
statement	명세서, 진술	steitmənt	스**테**잍먼트
exclusively	독점적으로, 배타적으로	iksklu:sivli	잌쓰클**루**우씨블리

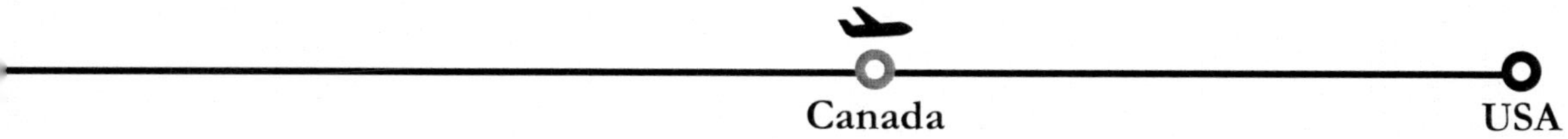

lucrative	수익성이 있는, 돈벌이가 되는	lu:krətiv	**루**크뤄티브
variable	변하기 쉬운, 변화를 줄 수 있는, (n.) 변수	veriəbl	**베**뤼어블
interrupt	방해하다, 중단시키다, 차단하다	intərʌpt	인터**뤒**트
depreciation	가치 하락, 감가상각, 경시	dipri:ʃieiʃən	디프뤼쉬**에**이션
encourage	용기를 주다, 부추기다	inkɜ:ridʒ	인**커**뤼쥐

Chunk set 70 ▸▸

단어	뜻	발음기호	한글발음
pleasing	즐거운, 기분 좋은	pli:ziŋ	플**리**이징
outgoing	사교적인, 떠나는	autgouiŋ	**아**웉고우잉
deposit	입금하다, 예금하다	dipa:zit	디**파**아짙
dramatic	멋진, 극적인	drəmætik	드뤄**매**틱
discolor	변색시키다, 빛깔을 더럽히다, 색이 바래다	diskʌlər	디스**컬**러

Korea

curb	억제하다, 제한하다, (n.) 제한하는 것	kɜ:rb	커어브
beat a dead horse	헛수고하다	bi:t ə ded hɔ:rs	비잍 어 데드 호오쓰
shivering	전율, 몸의 떨림	ʃivəriŋ	쉬버륑
consulate	영사관	ka:nsələt	**칸**썰렅
robust	튼튼한, 강건한	roubʌst	로우**버**스트

단어	뜻	발음기호	한글발음
adopt	채택하다, 입양하다	əda:pt	어닾트
defy	저항하다, 견뎌 내다	difai	디빠이
advice	조언, 충고	ədvais	어드바이스
argumentative	논쟁적인, 논쟁을 좋아하는	a:rgjumentətiv	아규멘터티브
advantage	이점, 강점	ədvæntidʒ	어드밴티쥐

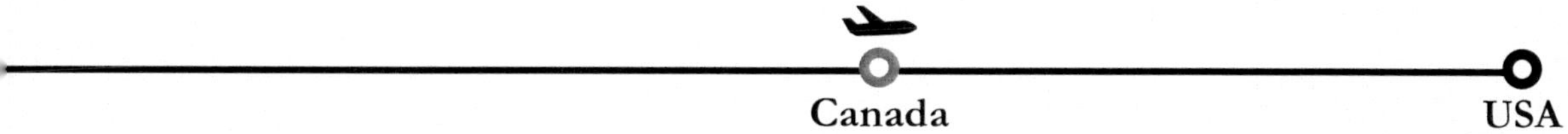

dissatisfaction	불만, 불평	dissætisfækʃn	디스새티스빽션
vague	모호한, 희미한, 멍청한	veig	베이그
reorganize	재편성하다, 재조직하다	riɔ:rgənaiz	뤼오거나이즈
artisan	장인, 숙련공	a:rtəzn	아터즌
participant	참가자	pa:rtisipənt	파티씨펀트

Chunk set 71 ▸▸

단어	뜻	발음기호	한글발음
depot	창고, 저장소	di:pou	**디**이포우
light refreshment	가벼운 다과	lait rifreʃmənt	**라**잍 뤼쁘**뤠**쉬먼트
inflict	(고통 등을) 가하다	inflikt	인쁠**릭**트
disappoint	실망시키다, 좌절시키다	disəpɔint	디써**포**인트
malign	~을 헐뜯다, 비방하다, (adj.) 해로운	məlain	멀**라**인

Korea

expel	내쫓다, 퇴학시키다	ikspel	읷스**페**을
entirely	완전히, 전적으로	intaiərli	인**타**이얼리
fulfill	이행하다, 만족시키다	fulfil	뿔**삐**을
short	부족한, 짧은, 키가 작은, (adv.) 짧게, (n.) 단편 영화	ʃɔ:rt	쇼옱
regulation	규정, 규제, (adj.) 규정된	regjuleiʃn	뤠귤**레**이션

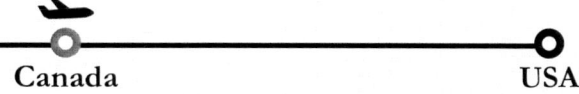

단어	뜻	발음기호	한글발음
achieve	달성하다, 성취하다	ətʃi:v	어**취**브
proficiency	능숙, 숙달, (v.) (시험에서 필수 과목을) 면제하다	prəfiʃənsi	프러**삐**션씨
commission	수수료, 위원회	kəmiʃn	커**미**션
swap	맞바꾸다, 교환하다	swa:p	스**와**앞
contiguous	인접하는, 인접하고 있는, 접근하는	kəntigjuəs	컨**티**규어쓰

Canada USA

signature	서명, 특징	signətʃə(r)	**씨**그너춰
breakthrough	비약적 발전	breikθru:	브**뤠**잌쓰루
persist	계속하다, 지속되다	pərsist	퍼**씨**스트
manual	설명서, 안내서	mænjuəl	**매**뉴얼
warranty	(품질 등의) 보증, 보증서	wɔ:rənti	**우**오뤈티

Chunk set 72 ▸▸

단어	뜻	발음기호	한글발음
scaffolding	(공사장의) 비계, 발판	skæfəldiŋ	스**캐**뻘딩
to some extent	어느 정도	tu sʌm ikstent	투 썸 익쓰**텐**트
famish	~을 굶주리게 하다	fæmiʃ	**빼**미쉬
ensure	확실하게 하다, 보장하다	inʃur	인**슈**어
sustain	지탱하다, 유지하다	səstein	써스**테**인

Korea

단어	뜻	발음기호	한글발음
abolish	(법률 등을) 폐지하다	əba:liʃ	어**발**리쉬
fortify	장려하다, 강화하다	fɔ:rtifai	**뽀**어티빠이
on behalf of	~을 대신해서	a:n bihæf ʌv	온 비**해**쁘 어브
delinquent	의무 불이행의, 연체된, 비행의	diliŋkwənt	딜**링**퀀트
valid	유효한, 합법적인	vælid	**밸**리드

단어	뜻	발음기호	한글발음
fatal	치명적인, 죽음을 초래하는	feitl	**빼**이틀
consistent	일치하는, 한결같은	kənsistənt	컨**씨**스턴트
expertise	전문지식, 전문기술	ekspɜ:rti:z	**엑**스퍼티이즈
induce	유발하다, 유도하다, 설득하다	indu:s	인**듀**우쓰
cause	~을 일으키다, ~을 발생시키다	kɔ:z	코오즈

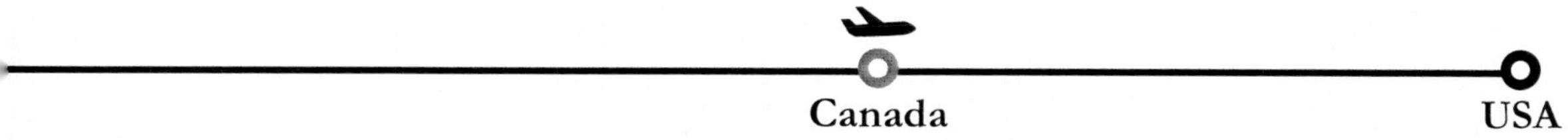

variety	다양성, 변화	vəraiəti	버**롸**이어티
vendor	노점상, 가판대	vendə(r)	**벤**더
carry	운반하다, (물건을) 팔다	kæri	**캐**뤼
tentative	임시의, 잠정적인, 머뭇거리는	tentətiv	**텐**터티브
attend	참석하다, 출석하다	ətend	어**텐**드

Chunk set 73 ▸▸

단어	뜻	발음기호	한글발음
inaugurate	개시하다, 취임하게 하다	inɔ:gjəreit	인**오**겨뤠잍
release	발표하다, 공개하다, (n.) 출시	rili:s	륄**리**이스
in light of	~에 비추어	in lait ʌv	인 라잍 어브
ambivalence	모순, 양립	æmbivələns	앰**비**벌런스
predict	예측하다, 예견하다	pridikt	프뤼**딬**트

Korea

vary	다르다, 다양하다	veri	**베**뤼
beneficial	유익한, 이로운	benifiʃl	베니**삐**셜
detach	떼어내다, 분리하다	ditætʃ	디**태**취
initially	처음에, 초기에	iniʃəli	이**니**셜리
summarize	요약하다	sʌməraiz	**써**머롸이즈

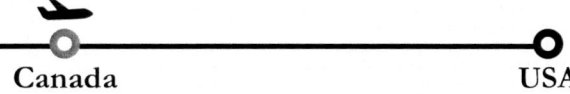

단어	뜻	발음기호	한글발음
deadlock	교착 상태, 열쇠를 넣어 열거나 잠그게 되어 있는 문	dedla:k	**데**드락
achievement	성취, 달성	ətʃi:vmənt	어**취**브먼트
emphasize	강조하다, 두드러지게 하다	emfəsaiz	**엠**뻐싸이즈
lease	임대차(계약), (v.) 임대하다	li:s	리이스
matinee	낮 공연	mætnei	매트**네**이

Canada USA

abate	약해지다, 감소하다	əbeit	어**베**잍
forward	앞으로, (v.) (물건 등을) 보내다	fɔ:rwərd	**뽀**어워드
lag	뒤쳐지다, 뒤떨어지다	læg	랙
welcome	반가운, 기꺼이 받아들여지는	welkəm	**웰**컴
rapid	빠른, 신속한	ræpid	**래**피드

Chunk set 74 ▸▸

단어	뜻	발음기호	한글발음
selection	선택된 것, 정선품	silekʃn	씰**렉**션
infringe	침해하다, 위반하다	infrindʒ	인쁘**륀**쥐
incentive	혜택, 장려금	insentiv	인**쎈**티브
refrain	삼가다, 자제하다	rifrein	뤼쁘**뤠**인
interfere	방해하다, 해치다	intərfir	인터**삐**어

Korea

discourteous	무례한, 예의 없는	diskɜ:rtiəs	디스**커**어티어쓰
pardon	사면, 용서	pa:rdn	**파**아든
coworker	동료, 협력자	kəuwə:kə	커우**워**커
conspicuous	눈에 띄는, 뚜렷한	kənspikjuəs	컨쓰**피**큐어쓰
return	반환하다, 반송하다, 돌아오다, (n.) 귀환, 반납	ritɜ:rn	뤼**터**언

단어	뜻	발음기호	한글발음
compromise	타협, 화해	ka:mprəmaiz	**캄**프러마이즈
bonus	상여금, 보너스, 뜻밖의 즐거움	bounəs	**보**우너스
subordinate	부하직원, 하급자	səbɔ:rdinət	서**보**오디넡
workmanship	기량, 솜씨	wɜ:rkmənʃip	**우**어크먼쉽
debit	차변, 차변 기입	debit	**데**빝

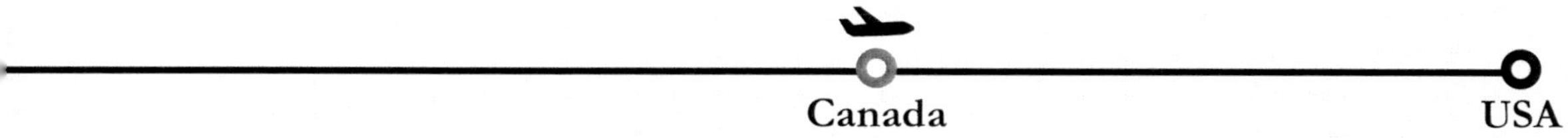

head	(~ 방향으로) 나아가다, 향하게 하다	hed	**헤**드
at the latest	늦어도	ət ðə leitist	앹 더 **레**이티스트
result	결과, (v.) ~의 결과로 되다	rizʌlt	뤼**절**트
extremely	극도로, 극히	ikstri:mli	잌스트**뤼**임리
meeting	회의, 회의 참석자들, 만남	mi:tiŋ	**미**이팅

Chunk set 75 ▸▸

단어	뜻	발음기호	한글발음
outline	개요, (v.) 설명하다, 약술하다	autlain	**아**웃라인
hardly	거의 ~하지 않다	ha:rdli	**하**아들리
adjacent	인접한, 가까운	ədʒeisnt	어**줴**이슨트
twofold	두 부분의, 두 배의	tu:fould	**투**우뽀울드
approach	접근법, 처리방법	əproutʃ	어프**로**우취

Korea

ease	완화시키다, (n.) 쉬움	i:z	이이즈
firm	기업, 회사, (adj.) 단단한	fɜ:rm	뻐엄
cancel	취소하다, 무효화하다	kænsl	**캔**슬
doorway	출입구	dɔ:rwei	**도**오웨이
reproach	비난하다, 나무라다	riproutʃ	뤼프**로**우취

단어	뜻	발음기호	한글발음
ongoing	계속 진행 중인	a:ngouiŋ	**온**고우잉
examine	조사하다, 시험을 실시하다, (법정에서) 심문하다	igzæmin	이그**재**민
impartially	공명정대하게, 편견 없이	impa:ʃ(ə)li	임**파**아셜리
embark	착수하다, 승선하다	imba:rk	임**바**앜
lack	~이 없다, (n.) 부족	læk	랙

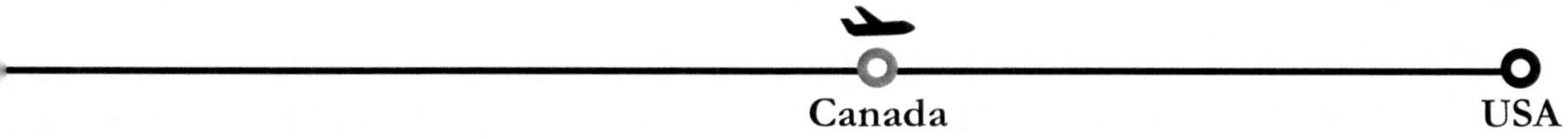

retrieve	회수하다, 되찾다	ritri:v	뤼트**뤼**이브
impressed	인상 깊게 생각하는, 감명을 받은	imprest	임프**뤠**스트
certificate	증명서, (v.) 자격증을 교부하다	sərtifikət	써**티**삐컽
press	언론(계), 보도기관, (v.) 누르다	pres	프뤠쓰
seasoned	숙력된, 노련한	si:znd	**씨**이즌드

Chunk set 76 ▸▸

단어	뜻	발음기호	한글발음
landfill	쓰레기 매립지, 매립지	lændfil	**랜**드삐을
expenditure	지출, 비용	ikspenditʃə(r)	익스**펜**디춰
produce	생산하다, (n.) 생산물	prədju:s	프러**듀**우쓰
fascinating	매혹적인, 황홀한	fæsineitiŋ	**빼**씨네이팅
manage	~을 경영하다, 가까스로 ~하다	mænidʒ	**매**니쥐

Korea

inquire	질문하다, 조사하다	inkwaiər	인**콰**이어
exception	예외, (법칙을 따르지 않는) 이례	iksepʃn	익**쎕**션
intend	~할 생각이다, ~을 의미하다	intend	인**텐**드
initial	처음의, 최초의	iniʃl	이**니**셜
announcement	공고, 발표	ənaunsmənt	어**나**운쓰먼트

단어	뜻	발음기호	한글발음
hire	고용하다, (n.) 대여, 신입 사원	haiə(r)	**하**이어
excellent	훌륭한, 탁월한	eksələnt	**엑**썰런트
annual	매년의, 연례의	ænjuəl	**애**뉴얼
clout	영향력, (손이나 단단한 물체로) 때리기, (v.) 세게 때리다	klaut	클**라**울
preliminary	예비의, (n.) 사전 준비	prilimineri	프뤼**리**미네뤼

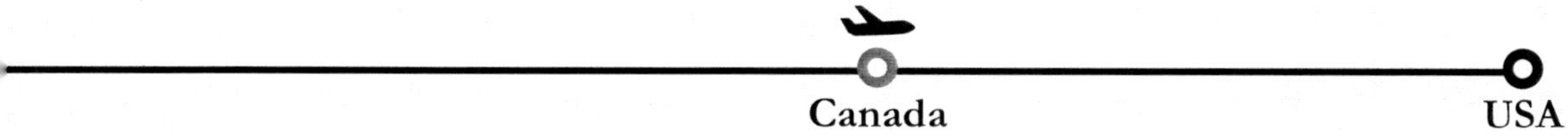

existing	기존의, 현행의	igzistiŋ	이그**지**스팅
accuse	고소하다, 고발하다	əkju:z	어**큐**즈
interact	소통하다, 상호작용 하다	intərækt	인터**랙**트
accurately	정확하게, 정밀하게	ækjurətli	**애**큐러틀리
current	현재의, 통용되는	kɜ:rənt	**커**뤈트

Chunk set 77 ▸▸

단어	뜻	발음기호	한글발음
consult	상의하다, 상담하다	kənsʌlt	컨**설**트
abstract	추상적인, 막연한	æbstrækt	**앱**스트랙트
object	반대하다, (n.) 물건, 물체, 목표	əbdʒekt / (n.) abdʒikt	어브**젝**트 / (n.) **압**젝트
insurance	보험, 보험업, 보험금, 보험료	inʃurəns	인**쉬**런쓰
downtown	시내에서, 도심지로	dauntaun	다운**타**운

Korea

banquet	연회, 성찬	bæŋkwit	**뱅**킽
due	만기가 된, ~로 인한, ~하기로 되어 있는, 적절한, (n.) ~에게 마땅히 주어져야 하는 것	du:	듀우
habitat	(동물/식물 등의) 서식지	hæbitæt	**해**비태트
vacancy	결원, 빈방	veikənsi	**베**이컨씨
observance	(법률/규칙 등의) 준수, (축제/생일 등의) 축하, (종교/전통) 의식(복수형)	əbzɜ:rvəns	어브**저**번쓰

단어	뜻	발음기호	한글발음
combine	결합시키다, (두 가지 이상의 자질/특징 등을) 갖추다, 병행하다, 단합하다	kəmbain	컴**바**인
deserve	~할 만하다, ~할 가치가 있다	dizɜːrv	디**저**어브
contingency	만일의 사태	kəntindʒənsi	컨**틴**줜씨
originally	원래, 처음에는	əridʒənəli	오**리**줘널리
connoisseur	감정가, 감식가	kaːnəsɜːr	카아너**써**어

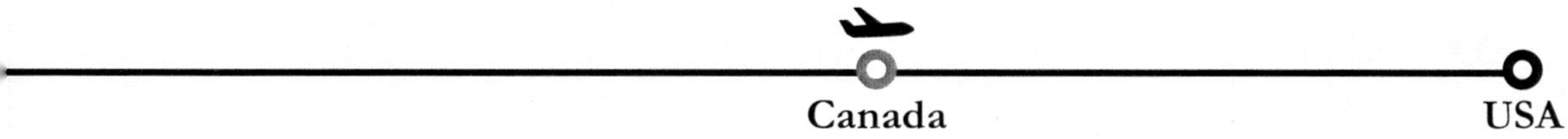

versatile	다용도의, 다재다능한	vɜːrsətl	**버**어서틀
counterfeit	가짜, 모조품	kauntərfit	**카**운터삍
regularly	정기적으로, 자주	regjələrli	**뤠**귤럴리
significant	중요한, 상당한	signifikənt	씨그**니**삐컨트
complete	완료하다, (adj.) 완료된	kəmpliːt	컴플**리**잍

Chunk set 78 ▸▸

단어	뜻	발음기호	한글발음
accord	조화시키다, (n.) 합의	əkɔ:rd	어**코**드
duplicate	사본, 복사, (v.) 복사하다	dju:plikət / (v.) dju:plikeit	**듀**플리컷 / (v.) **듀**플리케잇
suggest	제안하다, 추천하다	sədʒest	써**줴**스트
fluctuation	(방향/위치/상황의) 변동, (마음의) 동요	flʌktʃueiʃən	쁠럭츄**에**이션
attendant	참석자, 안내원	ətendənt	어**텐**던트

Korea

cremation	소각, 화장	krəmeiʃn	크뤄**메**이션
endeavor	노력, 시도, (v.) 노력하다, 시도하다	indevər	인**데**버
disaster	재난, 재해, 완전한 실패자(작)	dizæstə(r)	디**재**스터
endangered	멸종 위기에 처한	indeindʒərd	인**데**인줘드
accordance	일치, 조화	əkɔ:rdəns	어**코**던스

단어	뜻	발음기호	한글발음
memorandum	각서, 회람	meməræ̀ndəm	메머**렌**덤
wrestle	씨름하다, 싸우다	resl	**뤠**슬
emergency	비상 (사태)	imɜ:rdʒənsi	이**머**어줜씨
raise	높이다, (의문 등을) 제기하다	reiz	**뤠**이즈
congest	혼잡하게 하다, 정체시키다, 축적하다, 충혈시키다	kəndʒest	컨**줴**스트

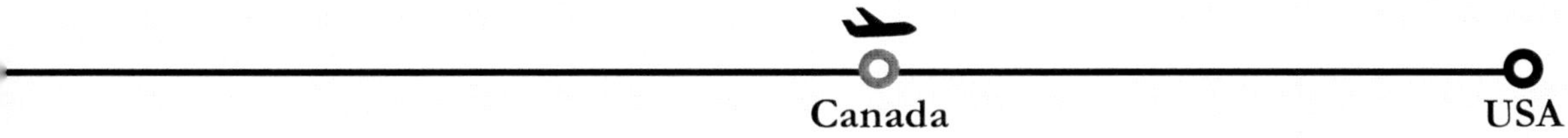

nun	수녀, 비구니	nʌn	넌
order	주문하다, 명령하다, 정리하다, (n.) 주문, 명령, 순서, 질서	ɔ:rdə(r)	**오**더
expectation	예상, 기대	ekspekteiʃn	익스펙**테**이션
negotiation	협상, 교섭	nigouʃieiʃn	니고우**쉐**이션
worrisome	걱정스러운, 걱정스럽게 만드는	wɜ:risəm	**우**어뤼썸

Chunk set 79 ▸▸

단어	뜻	발음기호	한글발음
distinctively	구별하여, 특징적으로	distiŋktivli	디스**팅**크티블리
superb	최고의, 뛰어난	su:pɜ:rb	수**퍼**어브
praise	칭찬, (v.) 칭찬하다	preiz	프뤠이즈
diagnosis	진단	daiəgnousis	다이어그**노**우씨쓰
maneuver	이동시키다, 움직이다	mənu:vər	머**뉴**버

Korea

perspective	견지, 시각	pərspektiv	퍼스**펙**티브
indicator	지표, 지수	indikeitə(r)	**인**디케이터
development	개발, 발전	diveləpmənt	디**벨**렆먼트
disinterested	공평한, 사심 없는	disintrəstid	디스**인**터뤠스티드
prevalent	유행하는, 널리 퍼진	prevələnt	**프뤠**벌런트

단어	뜻	발음기호	한글발음
employment	고용, 직장, (기술/방법 등의) 사용	implɔimənt	임플**로**이먼트
finalize	마무리 짓다, 완결하다	fainəlaiz	**빠**이널라이즈
interest	관심, 이자	intrəst	**인**터뤠스트
spend	~을 쓰다, 소비하다	spend	스**펜**드
accountable	(해명할) 책임이 있는	əkauntəbl	어**카**운터블

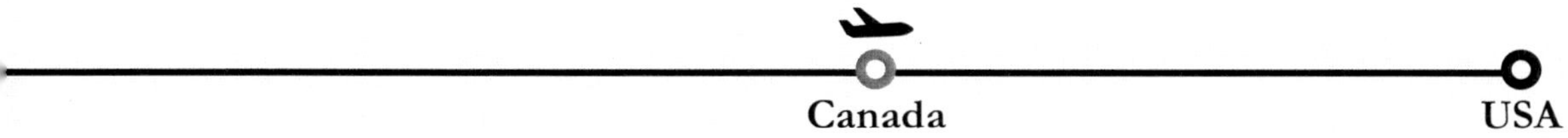

vehicle	차량, 운송 수단	vi:əkl	**비**어클
deficit	적자, 부족액	defisit	**데**삐실
securely	튼튼하게, 단단히	səkjurli	씨**큐**얼리
environmental	환경적인, 환경의	invairənmentl	인바이뤈**멘**틀리
overview	개요, 개관	ouvərvju:	**오**우버뷰우

Chunk set 80 ▸▸

단어	뜻	발음기호	한글발음
closure	폐쇄, 종료	klouʒə(r)	클로우줘
ethic	윤리, 도덕	eθik	에씩
proportion	비율, 부분	prəpɔ:rʃn	프뤄포오션
fiscal	회계의, 재정상의	fiskl	삐스클
anticipation	예상, 기대	æntisipeiʃn	앤티시페이션

Korea

out of thin air	난데없이		아웉 어브 씬 에어
freight	화물, 화물 운송, (v.) 화물을 보내다	freit	쁘뤠잍
largely	주로, 대부분	la:rdʒli	라아쥘리
merchandise	상품, 물품, (v.) 판매하다	mɜ:rtʃəndaiz	머어춴다이즈
attraction	관광 명소, 끌림, 매력	ətrækʃn	어트랙션

단어	뜻	발음기호	한글발음
reject	거절하다, 거부하다	ridʒekt	뤼**젝**트
buy	사다, 구입하다	bai	바이
skilled	숙련된, 노련한	skild	스**킬**일드
facilitate	용이하게 하다, 촉진하다	fəsiliteit	뻐**씰**리테잍
controversy	논란, 논쟁	ka:ntrəvɜ:rsi	**칸**트러버씨

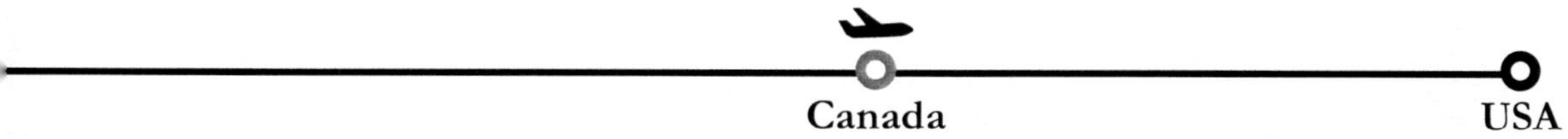

comment	논평하다, 언급하다, (n.) 논평, 비평	kəment / (n.) kament	커**멘**트 / (n.) **카**멘트
custody	구금, 양육권	kʌstədi	**커**스터디
feasible	실행 가능한	fi:zəbl	**삐**저블
confiscate	몰수하다, 압수하다	ka:nfiskeit	**칸**삐스케잍
attribute	~의 덕분이다, ~의 탓이라고 보다, (n.) 자질, 속성	ətribju:t	어트**리**뷰트

Chunk set 81 ▸▸

단어	뜻	발음기호	한글발음
fee	요금, 수수료	fi:	삐이
unbiased	편견 없는, 편파적이지 않은	ʌnbaiəst	언**바**이어스트
objectify	객관화하다, ~을 물건 취급하다	əbdʒektifai	어브**젝**티빠이
stipulate	규정하다, 명기하다	stipjuleit	스**티**퓰레잍
actually	실제로, 사실은	æktʃuəli	**액**츄얼리

Korea

defer	연기하다, 미루다	difɜ:(r)	디**뻐**어
rack	(모자 등의) 걸이, 선반	ræk	뤡
inclement	날씨가 궂은, 혹독한	inklemənt	인클**레**먼트
waive	(권리를) 포기하다	weiv	웨이브
formerly	이전에, 예전에	fɔ:rmərli	**뽀**오멀리

단어	뜻	발음기호	한글발음
promote	승진시키다, 촉진하다	prəmout	프러**모**우트
circumscribe	~을 제한하다, ~의 둘레에 선을 긋다	sɜ:rkəmskraib	**써**컴스크라이브
compatible	호환되는, 양립될 수 있는	kəmpætəbl	컴**패**터블
suitcase	여행가방	su:tkeis	**쑤**웉케이쓰
accession	계승, 가맹	ækseʃn	앸**쎄**션

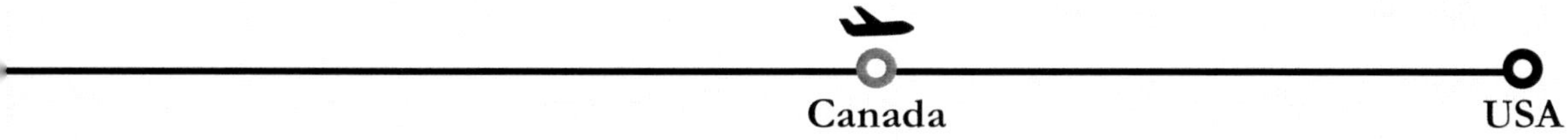

spending	소비, (정부/조직체의) 지출	spendiŋ	스**펜**딩
expedite	촉진시키다, 진척시키다	ekspədait	**엑**스퍼다잍
substitute	대용품, (v.) 대신하다	sʌbstitu:t	**썹**스티튜웉
discuss	논의하다, 토론하다	diskʌs	디스**커**스
seasonal	계절의, 계절적인	si:zənl	**씨**이저늘

Chunk set 82 ▸▸

단어	뜻	발음기호	한글발음
expense	비용, 지출	ikspens	익스**펜**쓰
complicate	복잡하게 만들다	ka:mplikeit	**캄**플리케잍
equivalent	~에 상당하는, 맞먹는	ikwivələnt	이**퀴**벌런트
dealer	판매업자, 상인	di:lə(r)	**디**을러
fortunate	운 좋은, 다행한	fɔ:rtʃənət	**뽀**어춰넡

Korea

baggage	수화물, (마음의) 앙금	bægidʒ	**배**기쥐
periodically	주기적으로, 정기적으로	piria:diklli	피뤼**아**디클리
priority	우선 순위, 우선 사항, 우선권	praiɔ:rəti	프롸이**오**러티
seating	좌석 설비, 좌석 배열	si:tiŋ	**씨**이팅
dose	(약) 1회 복용량, (어느 정도의) 양, 약간, (v.) (약을) ~에게 먹이다	dous	**도**우스

단어	뜻	발음기호	한글발음
market	시장, (v.) (상품을) 내놓다	ma:rkit	마아킽
substantially	상당히, 많이, 주로, 대체로	səbstænʃəli	써브스탠셜리
liquidate	처분하다, 청산하다	likwideit	리퀴데잍
anonymous	익명의, 이름을 모르는	əna:niməs	어나니머스
guarantee	보장하다, (n.) 보장	gærənti:	개뤈티이

USA

proficient	능숙한, 능한	prəfiʃnt	프러삐션트
offset	상쇄하다, 벌충하다	ɔ:fset	오쁘쎝
note	주목하다, 특별히 언급하다	nout	노웉
scrutinize	세밀히 조사하다, 면밀히 검토하다	skru:tənaiz	스크루우터나이즈
stonewall	방해하다, 강하게 거부하다	stounwɔ:l	스토운우오을

Chunk set 83 ▸▸

단어	뜻	발음기호	한글발음
adjourn	(회의를) 휴회하다	ədʒɜːrn	어**줘**언
mediation	조정, 중재	miːdieiʃən	미이디**에**이션
patronize	단골로 삼다, 애용하다, 후원하다, 아랫사람 대하듯 하다	peitrənaiz	**페**이트뤄나이즈
novice	초보자, 수련 수사(수녀), 초보 경주마	naːvis	**나**아비쓰
completely	전적으로, 완전히	kəmpliːtli	컴플**리**틀리

Korea

attract	끌다, 유인하다	ətrækt	어트**랙**트
landscaping	조경	lændskeip	**랜**드스케잎
executive	경영의, 관리의	igzekjətiv	이그**제**커티브
depend	~에 달려 있다, ~에게 의존하다	dipend	디**펜**드
feature	특징, (v.) 특징으로 하다	fiːtʃə(r)	**삐**이춰

단어	뜻	발음기호	한글발음
overdue	지불 기한이 지난, 이미 늦은	ouvərdu:	아울**듀**우
resume	이력서, (v.) 다시 시작하다	rezəmei / (v.) rizu:m	**레**쥬메이 / (v.) 리**쥬**움
accessible	출입할 수 있는, 이용할 수 있는	əksesəbl	억**쎄**서블
entry	(경기 등의) 참가자, 출품물	entri	**엔**트뤼
relocate	(공장 등을) 이전하다	ri:loukeit	리**로**오케잍

USA

confuse	혼란시키다, A와 B를 혼동하다	kənfju:z	컨**쀼**즈
enclosed	동봉된	inklouzd	인클**로**우즈드
offer	제공하다, (n.) 제공	ɔ:fə(r)	**오**뻐
facility	시설, 재능	fəsiləti	뻐**씰**러티
temporarily	일시적으로, 임시로	tempərerəli	템퍼**뤠**뤌리

Chunk set 84 ▸▸

단어	뜻	발음기호	한글발음
diligent	성실한, 근면한	diliʤənt	딜리줜트
increasing	증가하는, 증가의	inkri:siŋ	인크뤼싱
rigorous	엄격한, 혹독한	rigərəs	뤼거뤄쓰
determined	단호한, 완강한	ditɜ:rmind	디터어민드
boom	붐, 호황, (v.) 쾅 하는 소리를 내다, 호황을 맞다	bu:m	부움

Korea

considerable	(정도나 양이) 상당한, 많은	kənsidərəbl	컨씨더뤄블
increase	인상, 증가, (v.) 증가하다	inkri:s	인크뤼스
qualify	~의 자격을 얻다, (앞에 한 진술에) 단서를 달다, 수식하다(문법)	kwa:lifai	콸리빠이
precisely	정확히, 신중하게	prisaisli	프뤼싸이슬리
progress	진행, 진전, (v.) 발전하다	pra:grəs	프라그뤄스

단어	뜻	발음기호	한글발음
heavily	몹시, 심하게	hevili	**헤**빌리
airfield	이착륙장, 비행장	erfi:ld	**에**어삘드
gratitude	고마움, 감사	grætitu:d	그**뤠**티튜우드
dismiss	해임하다, 해고하다	dismis	디스**미**쓰
crutch	목발, 버팀목	krʌtʃ	크러취

USA

established	확고한, 정평이 있는	istæbliʃt	이스**태**블리쉬트
willingly	기꺼이, 자진해서	wiliŋli	**윌**링리
profit	수익, 이익, (v.) 이득을 얻다	pra:fit	프**라**삩
investment	투자, 투자금	investmənt	인**베**스트먼트
strenuous	격렬한, 활기찬	strenjuəs	스트**뤠**뉴어쓰

Chunk set 85 ▸▸

단어	뜻	발음기호	한글발음
skyrocket	(가격 등이) 치솟다, 급등하다	skaira:kit	스**카**이롸킽
early	시간상 이른, 조기의	ɜ:rli	**어**얼리
analysis	분석	ənæləsis	어**낼**러씨쓰
exposure	노출, 폭로, 체온 저하	ikspouʒə(r)	익스**포**우줘
prone	~하기 쉬운, (배를 바닥에 대고) 엎드려 있는	proun	프로운

Korea

infusion	주입, 혼합	infju:ʒn	인**쀼**우젼
gourmet	미식가, 식도락가	gurmei	**구**어메이
dedication	헌신, 전념	dedikeiʃn	데디**케**이션
inspector	조사관, 감독관	inspektə(r)	인스**펙**터
fumes	가스, 매연	fju:mz	쀼움즈

단어	뜻	발음기호	한글발음
norm	규범, 기준	nɔ:rm	노옴
invest	투자하다, (권력/권한 등을) 부여하다	invest	인**베**스트
need	필요, 요구, (v.) ~할 필요가 있다	ni:d	니이드
haphazardly	우연히, 되는 대로	hæphæzərdli	햎**해**저들리
exaggerated	과장된, 부풀린, 지나친	igzædʒəreitid	이그**재**줘뤠이티드

USA

renew	(계약 등을) 갱신하다	rinu:	뤼**뉴**우
affordable	(가격이) 적당한, 감당할 수 있는	əfɔ:rdəbl	어**뽀**더블
candidate	후보자, 지원자	kændidət	**캔**디덭
affordability	감당할 수 있는 비용	əfɔ:dəbiliti	어뽀더**빌**리티
automotive	자동차의	ɔ:təmoutiv	오터**모**우티브

Chunk set 86 ▸▸

단어	뜻	발음기호	한글발음
prosperity	번영, 번성	pra:sperəti	프롸아스**페**뤄티
conveniently	편리하게, 알맞게	kənvi:njəntli	컨**비**년틀리
organization	단체, 조직, 구조	ɔ:rgənəzeiʃn	오거너**제**이션
sternly	엄격하게, 심하게	stɜ:rnli	스**터**언리
neutrality	중립성, 중립	nu:træləti	뉴우트**랠**러티

Korea

approve	승인하다, 찬성하다	əpru:v	어프**루**브
crucial	중대한, 결정적인	kru:ʃl	쿠**루**셜
recent	최근의	ri:snt	**뤼**쓴트
paycheck	급여	peitʃek	**페**이첵
audit	회계 감사, 심사	ɔ:dit	**오**딧

단어	뜻	발음기호	한글발음
passenger	승객	pæsindʒə(r)	**패**씬줘
temporary	임시의, 일시적인	tempəreri	**템**퍼뤠뤼
conform	(규칙 등에) 부합하다, (관습 등에) 따르다	kənfɔ:rm	컨**뽀**옴
legnthy	너무 긴, 장황한	leŋθi	**렝**씨
inconvenience	불편, (v.) 불편을 느끼게 하다	inkənvi:niəns	인컨**비**니언쓰

USA

fund-raising	모금	fʌnd reiziŋ	**뻔**드 뤠이징
face	직면하다, (n.) 얼굴	feis	**뻬**이쓰
potential	잠재적인, 가능성이 있는, (n.) 가능성, 잠재력	pətenʃl	퍼**텐**셜
proximity	근접, 가까움	pra:ksiməti	프롸악**시**머티
excessive	지나친, 과도한	iksesiv	익**쎄**씨브

Part 03

표모음

<영어발음 기호표> 국제음성학회(International Phonetic Association)

발음기호	소리	기호	발음기호	소리	기호
[a]	아	ㅏ	[b]	브	ㅂ
[e]	에	ㅔ	[d]	드	ㄷ
[i]	이	ㅣ	[j]	이	ㅣ
[o]	오	ㅗ	[l]	러	ㄹ
[u]	우	ㅜ	[m]	므	ㅁ
[w]	우	ㅜ	[n]	느	ㄴ
[ʌ]	어	ㅓ	[r]	르	ㄹ
[ɔ]	오	ㅗ	[v]	브	ㅂ
[ɛ]	에	ㅔ	[z]	즈	ㅈ
[æ]	애	ㅐ	[ʒ]	쥐	ㅈ
[ɑ:]	아-		[ʤ]	쥐	주
[ə:]	어-		[ʤa]	주ㅏ	
[i:]	이-		[ʒ]	지	ㅈ
[u:]	우-		[tz]	쯔	ㅉ
[ɔ:]	오-		[ð]	뜨	ㄸ
[ai]	아이		[h]	흐	ㅎ
[ei]	에이		[g]	그	ㄱ
[ɔi]	오이		[ŋ]	응	ㅇ
[au]	아우		[f]	프	ㅍ
[ou]	오우		[k]	크	ㅋ
[iə]	이어		[p]	퍼	ㅍ
[uə]	우어		[s]	스	ㅅ
[ɛə]	에어		[t]	트	ㅌ
[eə]	에어		[ʃ]	쉬	수
[wa]	와		[tʃ]	취	추
[wɔ]	워		[tʃa]	추ㅏ	
[ju]	유		[θ]	쓰	ㅆ

<숫자표> (위: 기수, 아래: 서수)

1 1st	one first	**11** 11th	eleven eleventh	**21** 21st	twenty one twenty first
2 2nd	two second	**12** 12th	twelve twelfth	**22** 22nd	twenty two twenty second
3 3rd	three third	**13** 13th	thirteen thirteenth	**23** 23rd	twenty three twenty third
4 4th	four fourth	**14** 14th	fourteen fourteenth	**24** 24th	twenty four twenty fourth
5 5th	five fifth	**15** 15th	fifteen fifteenth	**25** 25th	twenty five twenty fifth
6 6th	six sixth	**16** 16th	sixteen sixteenth	**26** 26th	twenty six twenty sixth
7 7th	seven seventh	**17** 17th	seventeen seventeenth	**27** 27th	twenty seven twenty seventh
8 8th	eight eighth	**18** 18th	eighteen eighteenth	**28** 28th	twenty eight twenty eighth
9 9th	nine ninth	**19** 19th	nineteen nineteenth	**29** 29th	twenty nine twenty ninth
10 10th	ten tenth	**20** 20th	twenty twentieth	**30** 30th	thirty thirtieth

40 40th	forty fortieth
50 50th	fifty fiftieth
60 60th	sixty sixtieth
70 70th	seventy seventieth
80 80th	eighty eightieth
90 90th	ninety ninetieth
100 100th	one hundred one hundredth
1,000 1,000th	one thousand one thousandth
1,000,000 1,000,000th	one million one millionth
1,000,000,000 1,000,000,000th	one billion one billionth

777
seven hundred (and) seventy seven

7,777
seven thousand seven hundred (and) seventy seven

777,777
seven hundred (and) seventy seven thousand seven hundred (and) seventy seven

hundred	백
thousand 10^3	천
million 10^6	백만
billion 10^9	십억
trillion 10^{12}	일조
quadrillion 10^{15}	천조
quintillion 10^{18}	백경
sextillion 10^{21}	십해
septillion 20^{24}	일자

<주요국가 화폐 단위 및 통화코드> 가나다순

	국가명 공식 국가명	화폐단위 통화코드		국가명 공식 국가명	화폐단위 통화코드
1	남아프리카 공화국 Republic of South Africa	Rand ZAR	2	노르웨이 the Kingdom of Norway	Krone NOK
3	뉴질랜드 New Zealand	Dollar NZD	4	대만 Taiwan	Dollar TWD
5	덴마크 the Kingdom of Denmark	Krone DKK	6	러시아 Russia	Ruble RUB
7	말레이시아 the Federation of Malaysia	Ringgit MYR	8	멕시코 United Mexican States	Peso MXN
9	미국 the United States (of America)	Dollar USD	10	바레인 the State of Bahrain	Dinar BHD
11	방글라데시 the People's Republic of Bangladesh	Taka BDT	12	베트남 the Socialist Republic of Vietnam	Dong VND
13	브라질 the Federative Republic of Brazil	Real BRL	14	브루나이 Brunei	Dollar BND
15	사우디아라비아 the Kingdom of Saudi Arabia	Riyal SAR	16	스위스 the Swiss Confederation	Franc CHF
17	싱가포르 the Republic of Singapore	Dollar SGD	18	아랍에미리트 United Arab Emirates	Dirham AED
19	영국 the United Kingdom	Pound GBP	20	유럽연합 European Union	Euro EUR
21	이집트 the Arab Republic of Egypt	Pound EGP	22	인도 India	Rupee INR
23	인도네시아 the Republic of Indonesia	Rupiah IDR	24	일본 Japan	Yen JPY
25	중국 the people's Republic of China	Yuan CNY	26	캐나다 Canada	Dollar CAD
27	쿠웨이트 the State of Kuwait	Dinar KWD	28	태국 the Kingdom of Thailand	Baht THB
29	터키 the Turkish Republic	Lira TRY	30	파키스탄 the Islamic Republic of Pakistan	Rupee PKR
31	필리핀 the Republic of the Philippines	Peso PHP	32	헝가리 Hungary	Forint HUF
33	호주 Australia	Dollar AUD	34	홍콩 Hong Kong Sar	Dollar HKD

Part 04

불규칙 동사표

<시험에 자주 출제되는 불규칙 동사 정리>

동사원형	과거형	과거분사형	동사원형	과거형	과거분사형
arise 일어나다	arose	arisen	**awake** 깨우다	awoke	awoken
am, is / are ~이다, 있다	was / were	been	**beat** 치다	beat	beaten
become 되다	became	become	**begin** 시작하다	began	begun
bend 구부리다	bent	bent	**bet** 내기하다	bet	bet
bite 물다	bit	bitten	**bleed** 피를 흘리다	bled	bled
blow 불다	blew	blown	**break** 깨다	broke	broken
bring 가져오다	brought	brought	**build** 건설하다	built	built
burn 타다	burnt	burnt	**burst** 터지다	burst	burst
buy 사다	bought	bought	**cast** 던지다	cast	cast
catch 잡다	caught	caught	**choose** 선택하다	chose	chosen
cling 달라붙다	clung	clung	**come** 오다	came	come
cost 비용이 들다	cost	cost	**creep** 기다	crept	crept
cut 자르다	cut	cut	**deal** 다루다	dealt	dealt
dig 파다	dug	dug	**dive** 잠수하다	dove	dived
do 하다	did	done	**draw** 그리다	drew	drawn
drink 마시다	drank	drunk	**drive** 운전하다	drove	driven
eat 먹다	ate	eaten	**fall** 떨어지다	fell	fallen
feed 먹이다	fed	fed	**feel** 느끼다	felt	felt
fight 싸우다	fought	fought	**find** 발견하다	found	found
fit 꼭 맞다	fit	fit	**flee** 도망가다	fled	fled
fly 날다	flew	flown	**forbid** 금하다	forbade	forbidden
forget 잊다	forgot	forgot/ forgotten	**forgive** 용서하다	forgave	forgiven
freeze 얼다	froze	frozen	**get** 얻다	got	got / gotten
give 주다	gave	given	**go** 가다	went	gone
grind 갈다	ground	ground	**grow** 자라다	grew	grown
hang 걸다	hung	hung	**have** 가지다	had	had
hear 듣다	heard	heard	**hide** 숨기다	hid	hidden
hit 치다	hit	hit	**hold** 잡다	held	held
hurt 다치게 하다	hurt	hurt	**keep** 유지하다	kept	kept
kneel 무릎 꿇다	knelt	knelt	**know** 알다	knew	known

lay 놓다	laid	laid	**lead** 이끌다	led	led
leap 뛰다	leapt	leapt	**leave** 떠나다	left	left
lend 빌려주다	lent	lent	**let** 시키다	let	let
lie 눕다	lay	lain	**light** 비추다	lit	lit
lose 지다	lost	lost	**make** 만들다	made	made
mean 의미하다	meant	meant	**meet** 만나다	met	met
pay 지불하다	paid	paid	**prove** 증명하다	proved	proven
put 놓다	put	put	**quit** 그만두다	quit	quit
read 읽다	read	read	**ride** 타다	rode	ridden
ring 울리다	rang	rung	**rise** 일어나다	rose	risen
run 달리다	ran	run	**say** 말하다	said	said
see 보다	saw	seen	**seek** 찾다	sought	sought
sell 팔다	sold	sold	**send** 보내다	sent	sent
set 정하다, 배치하다	set	set	**sew** 꿰매다	sewed	sewn
shake 흔들다	shook	shaken	**shave** 면도하다	shaved	shaven
shine 빛나다	shone	shone	**shoot** 쏘다	shot	shot
show 보여주다	showed	shown	**shrink** 움츠러들다	shrank / shrunk	shrunk / shrunken
shut 닫다	shut	shut	**sing** 노래하다	sang	sung
sink 가라앉다	sank	sunk	**sit** 앉다	sat	sat
sleep 자다	slept	slept	**slide** 미끄러지다	slid	slid
speak 말하다	spoke	spoken	**speed** 속력을 내다	sped	sped
spell 철자를 쓰다	spelt	spelt	**spend** 쓰다, 소비하다	spent	spent
spill 엎지르다	spilt	spilt	**spin** 돌리다	spun	spun
spit 침을 뱉다	spit / spat	spit / spat	**split** 쪼개다	split	split
spread 펴다, 퍼지다	spread	spread	**spring** 튀어 오르다	sprang	sprung
stand 서다, 서있다	stood	stood	**steal** 훔치다	stole	stolen
stick 달라붙다	stuck	stuck	**sting** 찌르다	stung	stung
strike 치다	struck	stuck	**swear** 맹세하다	swore	sworn
sweep 쓸다, 청소하다	swept	swept	**swim** 수영하다	swam	swum
swing 휘두르다	swung	swung	**take** 취하다	took	taken

동사원형	과거형	과거분사형	동사원형	과거형	과거분사형
teach 가르치다	taught	taught	**tear** 찢다	tore	torn
tell 말하다	told	told	**think** 생각하다	thought	thought
throw 던지다	threw	thrown	**upset** 뒤엎다	upset	upset
wake 잠에서 깨다	woke	woken	**wear** 입다	wore	worn
weave 엮다	wove	woven	**weep** 울다	wept	wept
win 이기다	won	won	**wind** 감다	wound	wound
write 쓰다	wrote	written			

Part 05

시험에 자주 등장하는 영어 속담 모음

A

- A bad workman finds fault with his tools.
  솜씨 없는 일꾼이 연장 탓한다.

- A barking dog never bites.
  짖는 개는 절대 물지 않는다. (빈 수레가 요란하다.)

- A big fish must swim in deep waters.
  큰물에서 놀아야 한다.

- A bird in the hand is worth two in the bush.
  내 돈 한 푼이 남의 돈 천 냥보다 낫다. (남의 돈 천 냥보다 제 돈 한 냥)

- A black hen lays a white egg.
  개천에서 용 난다.

- A buddy from my old stomping grounds.
  죽마고우

- A burnt child dreads the fire.
  자라 보고 놀란 가슴 솥뚜껑 보고도 놀란다.

- A day after the fair.
  박람회 다음 날 (사후 약방문, 버스 지나간 뒤 손들기)

- A door must either be shut or open.
  문은 반드시 닫히거나 열린다.

- A drop in the ocean.
  바다의 물 한 방울 (엄청나게 많은 것 중의 사소한 하나를 가리키는 뜻)

- A drowning man will catch at a straw.
  물에 빠진 사람은 지푸라기라도 잡는다.

- A fool may talk, but a wise man speaks.
  우매한 자는 지껄이지만 현명한 자는 이야기한다.

- A friend in need is a friend indeed.
  어려울 때의 친구가 진정한 친구다.

- A golden key opens every door.
  돈이면 안 되는 것이 없다.

- A good medicine tastes bitter.
  좋은 약은 입에 쓰다. (입에 쓴 약이 병에는 좋다.)

- A guilty conscience needs no accuser.
  도둑이 제 발 저린다.

- A journey of a thousand miles begins with a single step.
  = Step by step one goes a long way.
  천 리 길도 한 걸음부터

- A leopard can't change his spots.
  제 버릇 개 못 준다.

- A little knowledge is dangerous.
  어설픈 지식은 위험하다. (선무당이 사람 잡는다.)

- A loaf of bread is better than the song of many birds.
  금강산도 식후경

- A man is known by the company he keeps.
  친구들을 보면 그 사람을 알 수 있다.

- A picture is worth a thousand words.
  천 마디의 말보다 한 번 보는 게 더 낫다.

- A rags to riches story.
  개천에서 용 난다.

- A rat in the trap.
  독 안에 든 쥐

- A rolling stone gathers no moss.
  구르는 돌에는 이끼가 끼지 않는다.

- A sound mind in a sound body.
  건강한 신체에 건강한 정신이 깃든다.

- A stitch in time saves nine.

  제때의 바늘 한번이 아홉 바느질을 던다. (호미로 막을 데 가래로 막는다.)

- A watched pot never boils.

  기다리는 버스는 오지 않는다.

- A wolf in sheep's clothing. A wolf in a lamb's skin.

  양의 탈을 쓴 이리 (위선자)

- Actions speak louder than words.

  말보다 행동이 중요하다.

- Adding insult to injury.

  엎친 데 덮친 격

- After death, to call the doctor.

  소 잃고 외양간 고치기

- After the storm comes the calm.

  비 온 뒤에 땅이 더 굳어진다.

- All is not gold that glitters.

  = All that glitters is not gold.

  번쩍인다고 다 금이 아니다. (외모에 현혹되지 말라.)

- All is well that ends well.

  끝이 좋으면 다 좋다.

- All work and no play makes Jack a dull boy.

  공부만 하고 놀지 않으면 아이는 바보가 된다.

- As one sows, so shall he reap.

  뿌린 대로 거두리라. (콩 심은 데 콩 나고 팥 심은 데 팥 난다.)

- As the twig is bent, so grows the tree.

  될성부른 나무 떡잎부터 알아본다.

B

- Bad workmen blame their tools.
  서투른 목수가 연장만 나무란다.
- Be it ever so humble, there's no place like home.
  집이 세상에서 가장 편한 곳이다.
- Beauty is in the eye of the beholder.
  제 눈에 안경이다.
- Better be the head of a dog than the tail of a lion.
  용의 꼬리가 되기보다는 뱀의 머리가 낫다.
- Better late than never.
  아무것도 하지 않는 것보다는 늦게라도 하는 게 낫다.
- Birds of a feather flock together.
  유유상종
- Blood is thicker than water.
  피는 물보다 진하다.
- Born is barn.
  꼬리가 길다. 꼬리가 길면 잡힌다.

C

- Can't get blood from a turnip.
  벼룩의 간을 빼먹는다.
- Can not see the wood for the trees.
  나무만 보고 숲은 보지 못한다.
- Casting pearls before swine.
  돼지 목에 진주목걸이

- Charity begins at home.
  자선은 가정에서 시작된다. (팔은 안으로 굽는다.)
- Claw me and I'll claw thee.
  오는 말이 고와야 가는 말이 곱다.
- Clothes make the man.
  옷이 날개다.
- Cut off your nose to spite your face.
  누워서 침 뱉기

D

- Dead men tell no tales.
  죽은 사람은 말이 없다.
- Do good and don't look back.
  선을 행하고 대가를 바라지 마라.
- Do into others as you would have them into you.
  대접받고 싶으면 남에게 대접해라.
- Don't count the chickens before they are hatched.
  김칫국부터 마시지 말라.
- Don't mount a dead horse.
  엎질러진 물

E

- Easier said than done.
  행동보다 말이 쉽다.
- Empty vessels make the most sound.
  빈 수레가 요란하다.
- Enter ye in at the strait gate. (cf. 'ye'는 고어로 you의 복수형, 단수형은 thou)
  좁은 문으로 들어가라.
- Even a worm will turn.
  지렁이도 밟으면 꿈틀한다.
- Even Homer sometimes nods.
  = Even the greatest make mistakes.
  원숭이도 나무에서 떨어질 때가 있다.
- Every cloud has a silver lining.
  괴로움이 있으면 즐거움도 있다. (괴로움 뒤에는 기쁨이 있다.)
- Every dog has his day.
  쥐구멍에도 볕 들 날 있다.
- Every Jack has his Jill.
  짚신도 짝이 있다.
- Every minute seems like a thousand.
  1분마다 천 분 같다. (일각이 여삼추)
- Every tide has its ebb.
  달도 차면 기운다.
- Everyone has a skeleton in the closet.
  털어서 먼지 안 나는 사람 없다.

F

- Face the music.
  울며 겨자 먹기
- Failure is but a stepping stone to success.
  실패는 성공의 어머니
- Father's virtue is the best heritage for his child.
  아버지의 덕행은 최상의 유산이다.
- Finders keepers, loser weepers.
  주운 사람이 임자다.
- Fine clothes make the man.
  = Fine feathers make fine birds.
  옷이 날개다.
- Fools rush in the where angels fear to tread.
  하룻강아지 범 무서운 줄 모른다.
- Fortune knocks three times at everyone's door.
  모든 사람에게 일생에 세 번은 기회가 찾아온다.

G

- Genius must be born, and never can be taught.
  천재는 타고나는 것이지, 가르쳐서 되는 것이 아니다.
- Get angry at others for ones own mistakes.
  방귀 뀐 놈이 성낸다.
- Go home and kick the dog.
  종로에서 뺨 맞고 한강 가서 눈 흘긴다.
- Go it while you are young.
  젊을 때 해봐라.

- Greed has no limits.
  욕심은 끝이 없다.

H

- Habit is (a) second nature.
  세 살 버릇 여든 간다.
- Happiness and misery are not fated but self-sought.
  인생은 개척하는 것이다.
- Haste makes waste.
  급할수록 돌아가라.
- He bit off more than he can chew.
  송충이는 솔잎을 먹어야 한다.
- He that will steal a pin will steal an ox.
  바늘 도둑이 소도둑 된다.
- Heaven helps those who help themselves.
  하늘은 스스로 돕는 자를 돕는다.
- Hunger is best sauce.
  시장이 반찬이다.

I

- Icing on the cake.
  금상첨화
- If at first you don't succeed, try, try again.
  칠전팔기

- If you laugh, blessings will come your way.
  웃으면 복이 온다.
- Ignorance is bliss.
  모르는 게 약이다.
- Ill news flies.
  발 없는 말이 천 리 간다.
- In one ear and out the other.
  한 귀로 듣고 한 귀로 흘린다.
- It's a piece of cake.
  누워서 떡 먹기
- It's no use crying over spilt milk.
  엎질러진 물
- It is not good to listen to flattery.
  감언이설에 넘어가지 말라.
- It is within a stone's throw.
  엎어지면 코 닿을 데
- It never rains but it pours.
  비가 내렸다 하면 억수로 퍼붓는다. (화불단행: 나쁜 일은 연이어 일어남)
- It takes two to tango.
  손뼉도 마주쳐야 소리가 난다.

K

- Kill two birds with one stone.
  일석이조
- Knock at the door and it will be opened.
  두드려라. 그러면 열릴 것이다.

L

- Let sleeping dogs lie.
  긁어 부스럼
- Let's get to the point.
  거두절미
- Life is full of ups and downs.
  양지가 음지 되고 음지가 양지된다.
- Like father, like son.
  부전자전
- Little drops of water make the mighty ocean.
  티끌 모아 태산
- Look before you leap.
  돌다리도 두들겨 보고 건너라.
- Love me, love my dog.
  마누라가 예쁘면 처갓집 말뚝에도 절한다.

M

- Many drops make a shower.
  낙숫물이 바위를 뚫는다. (티끌 모아 태산)
- Many hands make light work.
  백지장도 맞들면 낫다.
- Marry in haste, repent at leisure.
  서두른 결혼은 두고두고 후회한다.
- Match made in heaven.
  천생연분

• Mend the barn after the horse is stolen.
소 잃고 외양간 고친다.

• Money makes the mare to go.
돈이 있으면 귀신도 부릴 수 있다.

• More haste less speed.
급할수록 돌아가라.

N

• Never put off till tomorrow what you can do today.
오늘 할 일을 내일로 미루지 말라.

• No news is good news.
무소식이 희소식

• No pains, no gains.
노력이 있어야 얻는 것이 있다.

• No smoke without fire.
아니 땐 굴뚝에 연기 날까.

• None but the brave deserves the fair.
용기 있는 자가 미녀를 얻는다.

• Nothing ventured, nothing gained.
호랑이 굴에 들어가야 호랑이를 잡는다.

O

• One man sows and another man reaps.
재주는 곰이 넘고 돈은 되놈이 번다.

- Out of sight, out of mind.
  안 보면 멀어진다.
- One rotten apple spoils the barrel.
  미꾸라지 한 마리가 온 웅덩이를 흐린다.
- One swallow does not make a summer.
  제비 한 마리가 왔다고 여름이 온 것은 아니다. (속단은 금물)

P

- Pie in the sky.
  그림의 떡
- Practice makes perfect.
  훈련이 완벽을 만든다.
- Rome was not built in a day.
  첫술에 배부르랴.

S

- Searching for a needle in a haystack.
  잔디밭에서 바늘 찾기
- Shrouds have no pockets.
  빈손으로 왔다가 빈손으로 간다.
- Slow and steady win the game.
  천천히 그리고 꾸준히 하면 이긴다.
- Stabbed in the back.
  믿는 도끼에 발등 찍힌다.

- Starts off with a bang and ends with a whimper.
  용두사미
- Strike while the iron is hot.
  쇠뿔도 단김에 빼라.
- Sweet talk.
  감언이설

T

- Talk of the devil and you'll hear the flutter of his wings.
  호랑이도 제 말 하면 온다.
- Talking to the wall.
  소 귀에 경 읽기
- The early bird catches the worm.
  일찍 일어나는 새가 벌레를 잡는다.
- The grass is greener on the other side of the fence.
  남의 떡이 커 보인다.
- The pot calls the kettle black.
  똥 묻은 개 겨 묻은 개 나무란다.
- The sparrow near a school sings the primer.
  서당개 3년이면 풍월을 읊는다.
- There is no place like home.
  집만한 곳이 없다.
- There is no rest for a family(mother) with many children.
  가지 많은 나무 바람 잘 날 없다.
- Thorn in the side.
  눈에 가시

- Thrown away like an old shoe.
  헌신짝 버리듯한다.
- Time and tide wait for no man.
  시간은 사람을 기다리지 않는다.
- To see is to believe.
  백문이 불여일견
- To teach a fish how to swim.
  공자 앞에서 문자 쓴다.
- Troubles never come singly.
  불행은 겹치는 법이다.
- Turning green with envy.
  사촌이 땅을 사면 배가 아프다.

W

- Walls have ears.
  낮말은 새가 듣고 밤말은 쥐가 듣는다.
- Well begun is half done.
  시작이 반이다.
- What's learned in the cradle is carried to the grave.
  세 살 버릇 여든까지 간다.
- Where there is a will, there is a way.
  뜻이 있는 곳에 길이 있다.
- Who holds the purse rules the house.
  돈주머니 쥔 자가 가정을 지배한다.

Y

- You could sell him the Brooklyn Bridge.
  팥으로 메주를 쑨다 해도 믿는다.
- You don't know what you've got until you've lost it.
  구관이 명관
- You've cried wolf too many times.
  콩으로 메주를 쑨다 해도 믿지 않는다.